메이커: 미래 과학자를 위한 프로젝트

즐거운 야외 실험실

메이커: 미래 과학자를 위한 프로젝트
즐거운 야외 실험실

초판 1쇄 찍은 날 2019년 7월 19일
초판 1쇄 펴낸 날 2019년 8월 30일

지은이 잭 챌로너(Jack Challoner)
옮긴이 이승택·이재분

펴낸이 백종민
주 간 정인희
편 집 최새미나·박보영·이혜진·신대리라
외서기획 강형은
디자인 김미정·임진형
마케팅 김정미·박진용
관 리 장희정·임수정

펴낸곳 주식회사 꿈결
등록 2016년 1월 21일(제2016-000015호)
주 소 서울시 영등포구 당산로 50길 3 꿈을담는빌딩 6층
대표전화 1544-6533
팩 스 02) 749-4151
홈페이지 dreamybook.co.kr
이메일 ggumgyeol@naver.com
블로그 blog.naver.com/ggumgyeol
트위터 twitter.com/ggumgyeol
페이스북 facebook.com/ggumgyeol
에듀카페 cafe.naver.com/ggumgyeoledu

ISBN 979-11-88260-71-3 04400
ISBN 979-11-88260-67-6 (세트)

이 도서의 국립중앙도서관 출판예정도서목록(CIP)은
서지정보유통지원시스템 홈페이지(http://seoji.nl.go.kr)와
국가자료공동목록시스템(http://www.nl.go.kr/kolisnet)에서
이용하실 수 있습니다.(CIP제어번호: CIP2019018749)

책값은 뒤표지에 있습니다.
주식회사 꿈결은 (주)꿈을담는틀의 자매회사입니다.

Original Title: Outdoor Maker Lab
Copyright©Dorling Kindersley Limited, 2018
A Penguin Random House Company

All rights reserved.
No part of this publication may be reproduced, stored in or introduced
into a retrieval system, or transmitted, in any form, or by any means
(electronic, mechanical, photocopying, recording, or otherwise), without
the prior written permission of the copyright owner.

This Korean edition was published by Ggumgyeol in 2019
by arrangement with Dorling Kindersley Ltd., London, UK.

Printed in China

이 책의 한국어판 저작권은 DK(돌링 킨더슬리)와 독점 계약한 주식회사 꿈결에 있습니다.
저작권법에 의해 한국 내에서 보호를 받는 저작물이므로 무단 전재와 복제를 금합니다.

A WORLD OF IDEAS:
SEE ALL THERE IS TO KNOW

www.dk.com

메이커: 미래 과학자를 위한 프로젝트

즐거운 야외 실험실

야외에서 즐기는
과학 실험
OUTDOOR MAKER LAB

잭 챌로너 지음 | 이승택·이재분 옮김

DK

차례

서문 · 6

1장 **자연 관찰** · 8
    잠망경 · 10
    나비 먹이통 · 16
    지렁이 사육 상자 · 20
    침식하는 땅 · 26
    흙 없는 화분 · 32
    포트모 · 36
    균사체 · 40

2장 **날씨의 세계** · 44
    기압계 · 46
    우량계 · 50
    온도계 · 54
    풍속계 · 58
    부서지는 바위 · 66

3장 물의 힘 · 72

거대한 비눗방울 · 74
춤추는 소용돌이 · 80
신기한 물 · 86
아이스크림 · 94
알록달록 조약돌 · 100

4장 지구 과학 · 104

종이 헬리콥터 · 106
연 날리기 · 110
물 로켓 · 118
공기 대포 · 126
나침반 · 132
반짝반짝 지오드 · 138
위도 측정 장치 · 144
종이 해시계 · 150

부록 · 154
용어 사전 · 158
역자 후기 · 160

서문

어린 시절 저는 사물이 어떻게 움직이는지, 또 사물은 무엇으로 이루어져 있는지 항상 궁금했습니다. "설탕을 물에 넣으면 왜 사라질까?", "공기는 무엇으로 이루어져 있을까?", "유리는 왜 투명할까?"와 같은 질문들을 항상 고민했고, 부모님이나 선생님에게 계속 질문했지요.

다행히도 저는 간단한 과학 실험을 할 수 있는 책이 있었습니다. 그 책을 보며 부엌이나 정원에서 여러 가지 실험을 했지요. 이러한 활동을 통해 확인하고 발견한 것들은 제가 질문의 답을 찾는 데 큰 도움을 주었습니다. 동시에 더 많은 호기심도 갖도록 해 주었지요.

이 책은 흥미롭고 재미있는 실험들로 가득 차 있습니다. 주변에서 구할 수 있는 재료들을 사용하고, 여러 장치를 만들어 과학 원리를 쉽게 배울 수 있게 해 줍니다. 특히 정원이나 공원과 같은 야외에서 할 수 있는 실험들이 주를 이룹니다. 날씨와 식물, 동물 등 밖에서 만날 수 있는 것들과 관련이 있지요. 또 자세한 사진과 쉬운 설명으로 무엇을 어떻게 해야 하는지 쉽게 알 수 있도록 하였습니다. 과거의 제게 과학 실험책이 있었듯이, 이 책이 질문의 답을 찾고 더 많은 호기심을 가질 수 있도록 안내하는 길잡이가 되기를 바랍니다.

과학 분야에서 창의성은 매우 중요합니다. 따라서 실험을 한 후에 여러분만의 방법으로 다시 실험해 보세요. 다양한 재료를 추가하거나 방법을 바꾸는 등 실험 과정을 변화시킬 수 있지요. 또 일련의 과정을 거치며 궁금한 점이 생기면 인터넷을 검색하거나 도서관에 가서 더 많은 자료를 찾을 수도 있습니다.

단, 창의적이고 멋진 실험을 하는 것도 좋지만 반드시 안전하게 실험하기를 바랍니다. 어려운 활동을 할 때에는 부모님의 도움을 받는 것이 좋겠지요? 또 각 과정에 표시된 주의 사항을 꼼꼼히 확인하면 사고를 예방할 수 있습니다.

대부분의 활동은 플라스틱 페트병, 골판지, 종이, 테이프, 빨대와 같이 우리 주변에서 쉽게 구할 수 있는 것들을 이용합니다. 재료에 이상이 있는지 확인하고 모든 실험이 끝난 후에는 꼭 재활용하세요.

《즐거운 야외 실험실》과 함께 다양한 실험을 하며 멋진 결과물을 만들고 왜, 어떻게 특정 현상들이 일어나는지 탐구하세요. 또 사진을 찍고 결과를 기록하며 궁금증을 해결하세요. 동시에 더 많은 질문과 답을 찾을 수 있을 것입니다. 이제 준비가 되었나요? 꿈꾸는 과학자가 되기 위한 위대한 여정을 시작해 봅시다.

잭 챌로너

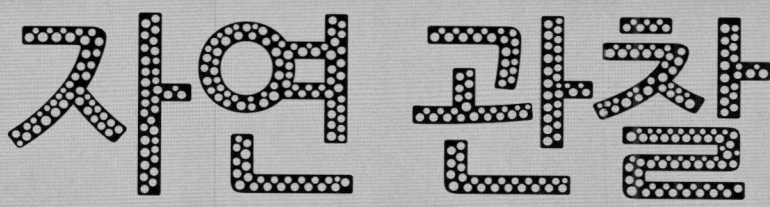

자연 관찰

생물에 대해 조사하고 연구하는 것은 꽤 흥미로운 일입니다. 이번 장에서 여러분은 흙을 사용하지 않고 식물을 키우는 방법을 배울 수 있습니다. 또 나만의 종이 화분을 만들어 환경에 도움을 줄 수도 있습니다. 물론 동물에 대해서도 배울 것입니다. 달콤한 냄새가 나는 나비 먹이통이나 안락한 지렁이 사육 상자, 몰래 동물을 관찰할 수 있는 잠망경까지 만들 수 있지요. 또 골판지에서 균사체를 재배하며 곰팡이에 대해 좀 더 자세하게 조사할 수 있습니다. 준비가 되었다면 여러 생물의 다양한 특징에 대해 배우고 기록하며 멋진 과학자의 길로 출발합시다.

동물은 사람을 발견하면 도망치거나 숨지요. 이번 실험에서 만들 잠망경은 동물들이 우리가 옆에 있는 것을 눈치 채지 못하게 하고 좀 더 가까운 곳에서 관찰할 수 있게 도와줍니다.

잠망경

동물들에게 들키지 않고 가까이 다가가 관찰해 본 적이 있나요? 아마 동물이 눈치를 채고 도망가거나 숨어 버려서 관찰하기 어려웠을 것입니다. 바로 이때! 잠망경은 동물들을 관찰하는 데 큰 도움이 됩니다. 잠망경은 주변을 구석구석 둘러 볼 수 있게 해 줍니다. 또 긴 풀밭이나 쓰러진 나무 뒤에 숨어서 동물들을 방해하지 않고 조용히 관찰할 수 있게 도와줍니다.

반사하는 빛

잠망경 안에는 두 개의 거울이 있는데 하나는 위에, 다른 하나는 아래에 있습니다. 두 개의 거울은 관찰하는 사물로부터 온 빛을 반사하여 빛이 우리 눈에 들어오도록 합니다. 이 때문에 우리는 들키지 않고 동물과 그 주변을 구석구석 살펴볼 수 있습니다.

1. 자연 관찰

잠망경 만들기

이 실험은 길이를 재고 가위로 자르는 과정이 많기 때문에 시간이 꽤 걸립니다. 하지만 하나씩 과정을 따라가다 보면 오랫동안 사용할 수 있는 튼튼한 잠망경을 만들 수 있습니다. 원하는 색을 골라 잠망경을 색칠하세요. 단, 주변 환경과 비슷한 색을 선택해야 동물에게 들키지 않을 수 있습니다.

시간: 1시간, 물감이 마르는 시간
난이도: 어려움

준비물

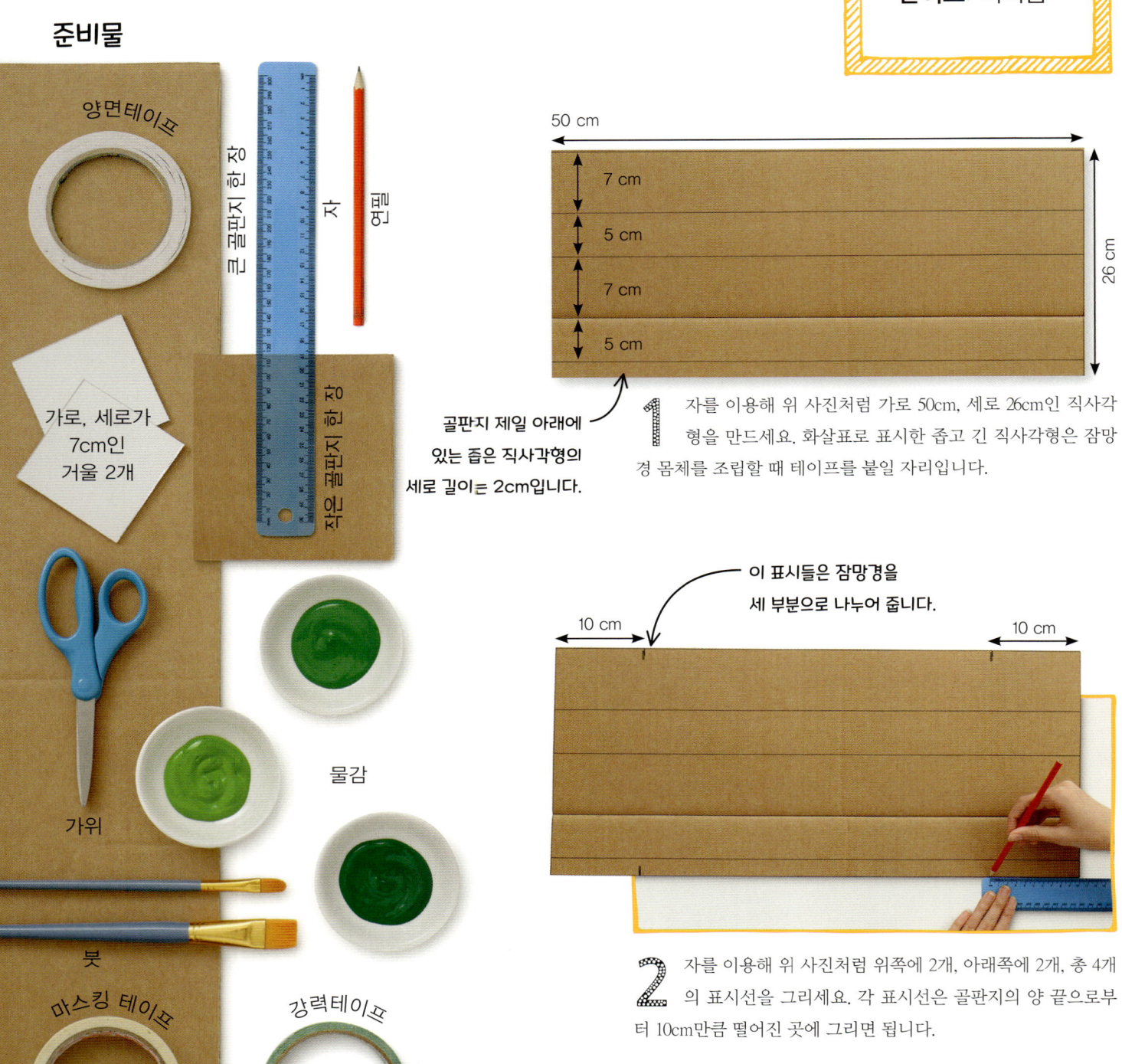

양면테이프, 큰 골판지 한 장, 자, 연필, 가로, 세로가 7cm인 거울 2개, 작은 골판지 한 장, 가위, 물감, 붓, 마스킹 테이프, 강력테이프

1 자를 이용해 위 사진처럼 가로 50cm, 세로 26cm인 직사각형을 만드세요. 화살표로 표시한 좁고 긴 직사각형은 잠망경 몸체를 조립할 때 테이프를 붙일 자리입니다.

골판지 제일 아래에 있는 좁은 직사각형의 세로 길이는 2cm입니다.

이 표시들은 잠망경을 세 부분으로 나누어 줍니다.

2 자를 이용해 위 사진처럼 위쪽에 2개, 아래쪽에 2개, 총 4개의 표시선을 그리세요. 각 표시선은 골판지의 양 끝으로부터 10cm만큼 떨어진 곳에 그리면 됩니다.

3 오른쪽 사진처럼 자를 이용해 점선을 곧게 그려 표시선을 연결하세요. 이때 점선을 정확한 위치에 그려야 합니다. 어렵다면 부모님과 함께해 보세요.

이 점선은 2개의 직사각형에 걸쳐 있지요.

이 점선은 5개의 직사각형 중 4개에 걸쳐 있지요.

이 점선은 아래 2개의 직사각형에 걸쳐 있습니다.

접는 것이 어려울 수 있으니 필요하다면 부모님께 도움을 요청하세요.

4 가위의 날과 자를 이용해 위 사진처럼 조심스럽게 골판지를 눌러 자국을 내세요. 그리고 누른 곳을 따라 천천히 안쪽으로 접으세요.

5 과정 3에서 그린 점선을 가로로 자르세요. 이때 골판지 끝까지 다 자르지 않도록 주의하세요.

테이프를 모두 붙인 후에 접착면이 드러나도록 보호 필름을 벗기세요.

6 위 사진처럼 골판지 제일 아래에 양면테이프를 붙이세요. 모두 세 군데에 테이프를 붙이면 됩니다.

7 골판지를 접어 관 모양을 만들고 양면테이프가 붙은 부분을 꽉 눌러서 단단하게 조립하세요.

1. 자연 관찰

8 작은 골판지에 양변의 길이가 5cm인 직각이등변삼각형을 그리세요. 위 사진처럼 총 4개를 그리면 됩니다.

9 직각 삼각형들을 가위로 오리세요. 이 삼각형 조각들은 잠망경 안에 들어갈 거울을 받치는 역할을 합니다.

테이프를 꼼꼼히 붙여 잠망경 옆면의 빈틈을 모두 가리세요.

10 마스킹 테이프를 이용해 잠망경 양 끝에 삼각형 조각을 붙이세요. 조각을 모두 붙이면 정사각형 모양의 구멍이 만들어 집니다.

11 과정 10에서 만든 정사각형 구멍에 반사하는 면이 안쪽으로 오도록 거울을 놓으세요. 반대쪽도 똑같이 만드세요. 이때 거울의 각도는 45도입니다.

각 거울이 관의 구멍에 정확하게 맞아야 합니다.

12 강력테이프를 이용해 거울을 잠망경 관에 고정하세요. 반대쪽도 똑같이 고정하세요.

13 잠망경을 초록색으로 칠하고 말리세요.

잠망경

14 남은 종이를 길게 잘라 초록색으로 칠해서 풀처럼 보이게 만드세요.

15 양면테이프로 잠망경 아래에 종이 풀을 붙이세요. 잠망경을 위장해 동물을 관찰할 수 있어요.

원리 파헤치기

우리가 물체를 볼 수 있는 이유는 물체로부터 오는 빛이 눈으로 들어오기 때문입니다. 컴퓨터 화면과 같은 물체는 스스로 빛을 내지만, 대부분의 물체는 스스로 빛을 내지 못하고 태양이 내는 빛을 반사합니다. 빛은 항상 곧게 나아가는 성질이 있는데 이를 빛의 직진성이라고 합니다. 빛을 가리거나 장애물을 두어 빛의 직진을 방해하면 물체를 볼 수 없습니다. 때문에 물체를 보려면 항상 직접 봐야 하지요. 하지만 잠망경 안의 거울을 적절하게 놓으면 물체로부터 오는 빛의 방향을 바꿀 수 있습니다. 그래서 우리는 직접 보지 않고도 물체를 볼 수 있지요.

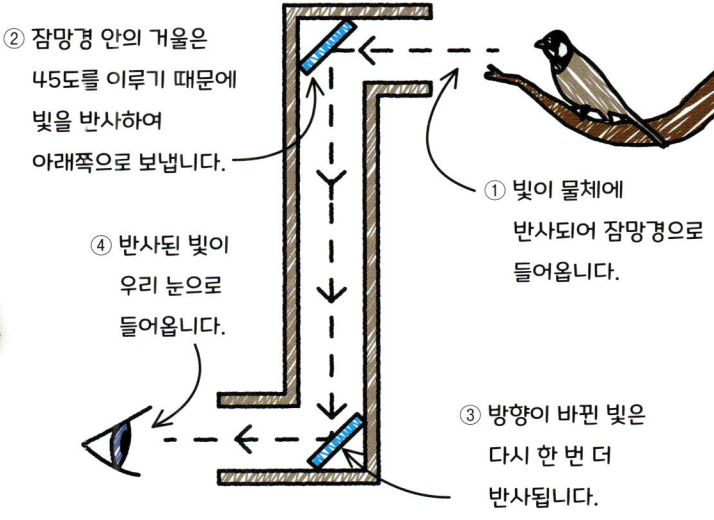

② 잠망경 안의 거울은 45도를 이루기 때문에 빛을 반사하여 아래쪽으로 보냅니다.

④ 반사된 빛이 우리 눈으로 들어옵니다.

① 빛이 물체에 반사되어 잠망경으로 들어옵니다.

③ 방향이 바뀐 빛은 다시 한 번 더 반사됩니다.

우리 주변의 과학
수중 시야

잠망경을 이용하면 잠수함 안에서 밖을 관찰할 수 있습니다. 잠수함의 승무원들은 잠수하는 동안에 물 밖에서 어떤 일이 일어나는지 알 수 있지요. 잠수함에 설치된 잠망경은 여러분이 만든 것보다 훨씬 정교합니다. 예를 들어 잠수함의 잠망경 안에는 렌즈

가 있어 물체를 확대하여 볼 수 있습니다. 또 최신 잠수함에는 잠망경 대신 카메라로 촬영한 밖의 모습을 잠수함 내의 스크린으로 전송하여 관찰하기도 합니다.

나뭇가지와 같은 높은 곳에
나비 먹이통을 매달아 보세요.

달콤한 음식들

과학자들은 남극 대륙을 포함한 모든 대륙에 약 1만 5,000여 종의 나비가 살고 있다고 했습니다. 여러분이 있는 곳에 어떤 종류의 나비가 살고 있는지 찾아보세요. 책이나 인터넷을 이용하면 먹이통으로 날아오는 나비가 어떤 나비인지 알 수 있답니다.

컵 안에는 달콤한
오렌지 주스가 있습니다.

나비 먹이통

꿀벌처럼 나비는 식물에게 무척 중요한 존재랍니다. 나비는 꽃의 꽃가루를 다른 꽃으로 옮기며 식물들이 열매나 씨앗을 만들 수 있도록 도와줍니다. 이번 실험에서 간단한 나비 먹이통을 만들어 정원이나 베란다, 공원처럼 여러분이 좋아하는 장소로 나비들을 모이게 해 봅시다.

| 비닐봉지 | 나비 먹이통 | 17 |

나비 먹이통 만들기

나비를 날아오게 하려면 먹이통은 꽃처럼 밝고 화려해야 합니다. 납작한 주방용 스펀지에 단맛이 나는 오렌지 주스를 흠뻑 적신 다음, 먹이통 안에 두세요. 날씨가 좋은 날에 먹이통을 나무에 걸면 달콤한 맛을 좋아하는 나비가 먹이통 안으로 날아오는 걸 관찰할 수 있습니다.

연필심은 날카로우니 찔리지 않도록 조심하세요.

1 연필심을 이용해 종이컵 양쪽에 구멍을 뚫으세요. 이때 고무찰흙을 아래에 받쳐 책상에 흠집이 나지 않도록 합니다.

시간: 20분   **난이도**: 보통

준비물

끈 · 고무찰흙 · 양면테이프 · 오렌지 주스 · 가위 · 연필 · 종이컵 · 주방용 스펀지 · 비닐봉지

2 끈을 약 30~40cm 길이로 자르세요. 과정 1에서 만든 양쪽 구멍에 안쪽에서 바깥쪽으로 끈을 넣은 다음 매듭을 지어 손잡이를 만드세요.

연필을 상하좌우로 움직여 구멍을 넓게 만드세요.

3 연필심을 이용해 컵의 밑면 가운데에 지름이 약 1cm인 구멍을 뚫으세요.

1. 자연 관찰

4 주방용 스펀지를 잘라 한 변의 길이가 2cm인 정사각형 조각을 만드세요.

스펀지 조각은 구멍 밖으로 살짝 나와야 합니다.

5 연필 뒷부분을 이용해 위의 사진처럼 컵 밑면의 구멍으로 스펀지 조각을 밀어 넣으세요.

여러분이 꾸미고 싶은 대로 꽃을 그려서 만드세요.

6 비닐봉지에 컵의 밑면보다 좀 더 크게 꽃을 그리세요. 가운데에 과정 5에서 컵 밑면의 구멍으로 나온 스펀지 조각보다 큰 구멍을 만들고 꽃을 가위로 오리세요.

7 컵의 밑면에 양면테이프를 붙인 다음 보호 필름을 벗기세요.

꽃이 떨어지지 않도록 꼼꼼히 붙이세요.

8 과정 6에서 만든 꽃을 컵의 밑면에 붙이세요. 이제 먹이통에 오렌지 주스만 담으면 됩니다.

스펀지 속으로 스며든 오렌지 주스가 천천히 똑똑 떨어질 거예요.

9 오렌지 주스를 먹이통에 부어 스펀지에 스며들게 하세요. 나뭇가지에 먹이통을 매달고 나비가 먹이통으로 날아오는지 관찰하세요.

나비 먹이통

한 걸음 더 나아가기

꽃의 종류에 따라 날아오는 나비의 종류도 조금씩 다릅니다. 다양한 종류의 비닐봉지로 꽃을 만들어 어떤 나비들이 어느 꽃에 더 끌리는지 관찰하세요. 또 오렌지 주스 외에도 사과 주스나 포도 주스 등으로 실험을 해서 나비가 어떤 맛의 주스를 더 좋아하는지 알아보세요. 다양한 꽃과 주스가 담긴 먹이통에 어떤 나비가 날아오는지 기록하다 보면 일정한 유형을 발견할 수 있습니다.

여러 종류의 나비들을 유인하기 위해 다양한 꽃을 만들어 보세요.

원리 파헤치기

비닐 꽃은 나비가 먹이통을 발견하는 데 도움을 주긴 하지만 실제로 나비를 유인하는 것은 먹이통에서 떨어지는 달콤한 오렌지 주스입니다. 나비의 미각 기관은 발에 있습니다. 나비는 발을 이용해 조용하고 안전하게 먹을 수 있는 곳을 찾습니다. 적당한 곳을 찾으면 머리 앞에 돌돌 말려 있는 주둥이를 빨대처럼 쭉 펴서 꽃의 꿀을 빨아 먹지요.

우리 주변의 과학

나비의 자손, 애벌레

나비는 주로 식물의 꿀을 먹습니다. 그런데 가끔 식물의 잎을 먹기도 하지요. 이는 애벌레를 위한 행동이랍니다. 만약 식물의 맛이 좋다면 나비는 잎 위에 알을 낳습니다. 애벌레가 부화하면 그 식물은 애벌레의 먹이가 되지요. 잎을 먹은 애벌레는 원래 크기의 몇 배로 자랍니다. 애벌레는 곧 번데기가 되고, 몇 주 후 번데기는 나비가 됩니다.

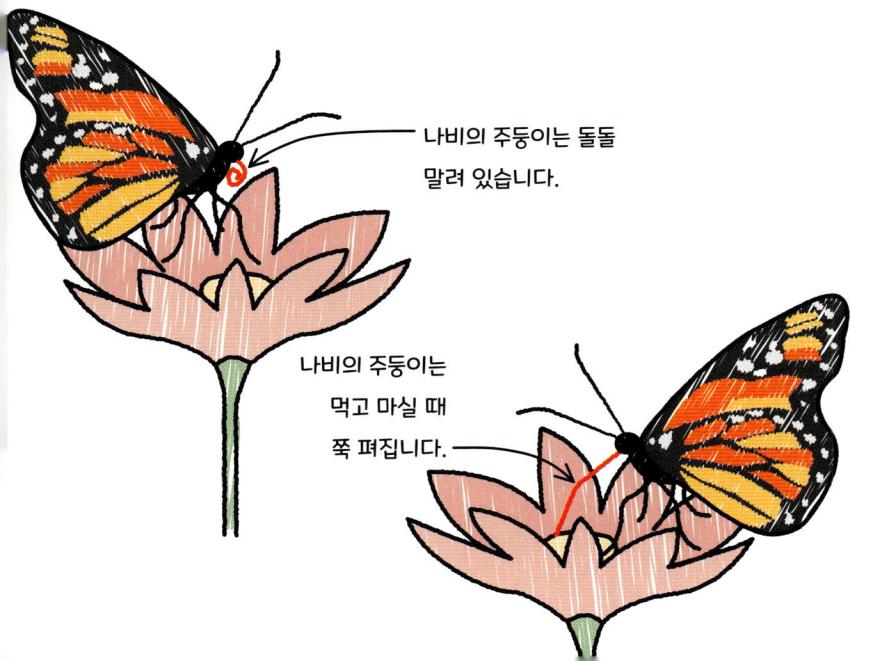

나비의 주둥이는 돌돌 말려 있습니다.

나비의 주둥이는 먹고 마실 때 쭉 펴집니다.

잎 위에 있는 알들은 애벌레로 부화합니다. 태어난 애벌레들은 잎을 먹기 시작하지요.

지렁이들은 흙과 모래 사이를 다니며 굴을 팝니다.

우리가 물이 필요한 것처럼 지렁이들도 물이 필요합니다. 모래와 흙을 촉촉하게 유지하세요.

지렁이 사육 상자

다른 동물들과 달리 뼈와 다리, 눈은 없어도 지렁이는 매우 활발하게 움직입니다. 지렁이는 땅속을 신나게 돌아다니며 공기와 물이 땅속으로 들어오도록 합니다. 식물의 껍질이나 야채 조각 등을 먹고 자란 지렁이의 배설물은 토양을 비옥하게 만들지요. 이렇게 지렁이는 생태계의 순환을 담당하는 멋진 구성원이랍니다. 이번 실험에서는 직접 지렁이 사육 상자를 만들어 지렁이를 관찰할 것입니다. 사육 상자를 매일 확인하세요. 지렁이가 자라는 속도를 보면 아마 깜짝 놀랄 거예요.

지렁이는 어두운 곳을 좋아하기 때문에 빛을 차단할 수 있는 덮개가 필요합니다.

꿈틀거리는 지렁이

지렁이는 원통형의 몸을 감싸는 근육을 물결처럼 움직여 땅속으로 들어갑니다. 지렁이는 땅속을 왔다 갔다 하며 유익한 유기물질들을 골고루 섞어 흙을 비옥하게 만듭니다.

1. 자연 관찰

지렁이 사육 상자 만들기

이번 실험에서는 지렁이가 필요합니다. 지렁이는 비가 온 후에 땅 위로 자주 나옵니다. 만약 집에 정원이 있다면 쉽게 지렁이를 구할 수 있겠지요? 정원이 없어도 괜찮습니다. 애완동물 용품점이나 인터넷 등에서 지렁이를 구할 수 있어요. 지렁이는 살아 있는 동물이므로 조심스럽게 다뤄야 합니다. 또 빛에 민감하므로 빛을 꼭 차단해야 하지요. 흙과 지렁이를 만지고 난 후에는 반드시 손을 씻으세요.

시간: 30분, 페인트가 마르는 시간

난이도: 보통

준비물

붓, 네임펜, 가위, 물감, 색 테이프, 모래, 흙, 진한 색의 A3 종이, 페트병, 화분, 화분 받침

1 먼저 화분을 꾸미세요. 초록색이나 노란색 물감 외에도 원하는 색을 준비해 마음껏 칠하세요.

이 종이는 나중에 사용해야 하니 버리지 마세요.

2 페트병을 A3 종이로 감싸고 네임펜을 이용해 위의 사진처럼 종이 가장자리를 따라 위와 아래에 선을 그리세요.

지렁이 사육 상자   23

페트병을 자를 때 부모님에게 도움을 요청하세요.

자르고 남은 페트병 조각들을 재활용하세요.

3 과정 2에서 그린 선을 따라 가위로 페트병을 조심스럽게 자르세요. 다 자르고 나면 양쪽이 뚫린 플라스틱 원통이 생깁니다.

4 플라스틱 원통 가장자리를 테이프로 감으세요. 위 사진처럼 자른 부분을 먼저 감싼 후, 테이프를 접어 단면을 덮으세요.

5 장식한 화분 위에 원통을 세우고, 원통 주위에 흙을 넣어 단단히 고정하세요. 흙이나 풀, 잎 등을 만지고 난 후에는 잊지 말고 꼭 손을 씻으세요.

원통의 꼭대기에 약간의 공간만 남기고 흙과 모래로 채우세요.

6 원통 안에 흙과 모래를 번갈아 쌓으세요. 흙의 층을 모래층보다 좀 더 두껍게 쌓으세요. 또 지렁이들은 물이 필요하므로 물을 살짝 뿌려 흙을 촉촉하게 만드세요. 지렁이 사육 상자가 거의 완성되었습니다.

1. 자연 관찰

7 지렁이가 먹을 수 있도록 약간의 풀과 잎을 원통 안에 넣어 주세요.

테이프를 잘라 위에서부터 고정시키세요.

8 지렁이는 어두운 곳에서 잘 자랍니다. 지렁이를 관찰하려면 지렁이가 흙 속이 아닌 페트병 쪽으로 움직여야 합니다. 과정 2에서 사용한 종이로 사육 상자를 감싼 후 테이프로 고정해 덮개를 만드세요.

9 이제 지렁이를 원통 안에 넣을 차례입니다. 약간 젖은 손으로 4~5마리 정도의 지렁이를 잡아 풀 위에 놓은 다음, 과정 8에서 만든 덮개를 원통 위로 조심히 덮으세요. 손을 씻고 사육 상자를 시원하고 어두운 곳에 두세요. 사육 상자는 매일 확인해야 합니다. 실험을 한 후에는 지렁이를 다시 정원이나 공원으로 돌려보내세요.

지렁이는 살짝 젖은 손으로 만지고, 절대 꽉 쥐지 마세요.

지렁이는 흙 속으로 파고들며 잎과 풀들을 아래로 끌어당깁니다.

지렁이 사육 상자   25

한 걸음 더 나아가기

큰 플라스틱 상자를 이용해 더 큰 지렁이 사육 상자를 만들 수 있습니다. 사육 상자를 시원하고 어두운 곳이나 야외에 두고 상자에 구멍을 뚫거나 뚜껑을 열어 공기가 통하게 하세요. 그런 다음 채소 껍질이나 계란 껍데기처럼 주방에서 나오는 음식물 찌꺼기들을 재활용하여 먹이로 주세요. 이때 고기나 치즈와 같이 지방이 많은 음식은 주지 않도록 합니다. 몇 주 또는 몇 달 동안 지렁이는 음식물 찌꺼기를 먹고 소화하여 배설물을 만듭니다. 그 결과 상자 안의 흙은 질 좋은 퇴비가 되지요. 이 퇴비는 정원이나 화분에 사용할 수 있습니다.

원리 파헤치기

지렁이들이 땅속을 파고들어 가 토양층을 헤집고 다니는 데에는 그리 오랜 시간이 걸리지 않습니다. 지렁이가 흙 속을 미끄러지듯 움직일 수 있는 것은 피부 표면에서 끈적거리는 점액이 분비되기 때문입니다. 흙을 먹고 난 후에 지렁이의 항문에서 나오는 배설물은 토양을 더욱 비옥하게 만듭니다. 또 지렁이는 항문 외에도 몸을 따라 길게 나 있는 작은 구멍들, 즉 신관을 통해 노폐물을 배출합니다.

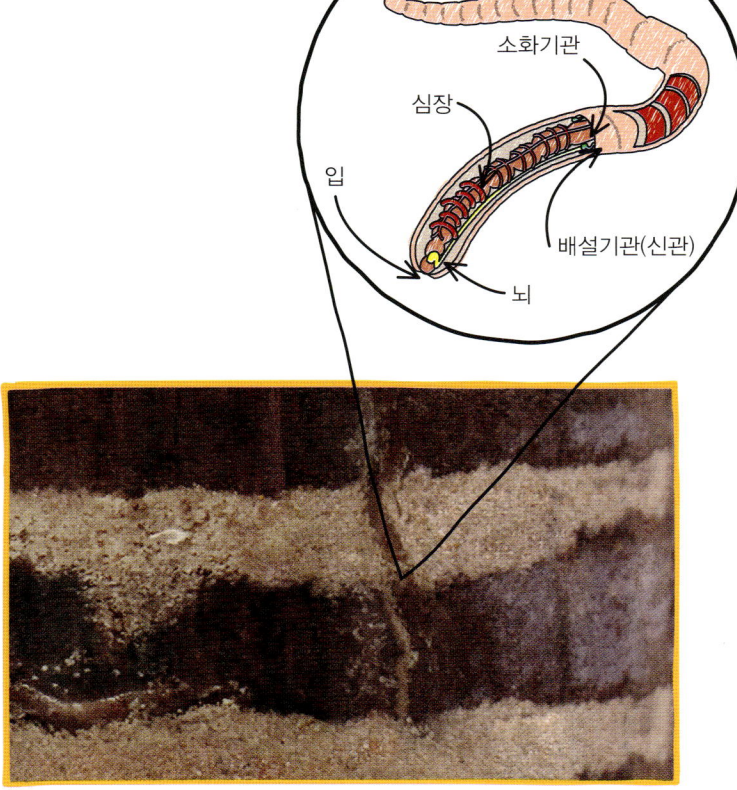

우리 주변의 과학

퇴비

식물의 껍질이나 죽은 잎사귀, 풀 등을 지렁이가 있는 통 속에 넣으면 지렁이들은 먹이를 땅속으로 끌어당겨 먹기 시작합니다. 흙과 함께 먹이를 먹는 동안 창자 속에 있는 박테리아의 도움을 받아 영양분이 풍부한 흙을 만들지요. 정원사들은 통 안에 지렁이를 넣는 것만으로도 질이 좋은 퇴비를 더 빨리 얻을 수 있답니다.

침식하는 땅

땅은 식물이 자라는 장소, 그 이상의 역할을 합니다. 땅에는 식물이 자라는 데 필요한 여러 가지 양분과 물이 있습니다. 땅에서 자라는 식물을 먹고사는 우리 역시 땅에 많은 것을 의존하고 있지요. 식물은 우리가 숨 쉬는 데 필요한 산소와 식량을 공급합니다. 뿐만 아니라 집이나 옷, 약처럼 생활에 필요한 물건들을 만드는 데 식물을 사용하지요. 이번 실험에서는 식물 한 포기조차 없는 땅이 물에 의해 얼마나 잘 쓸려 가는지 확인할 수 있습니다. 또 땅에서 자라는 식물들이 땅을 어떻게 보호하는지 알 수 있습니다.

흙이 조금씩 쓸려 나가 물이 탁합니다.

왼쪽 컵에 비해 물이 깨끗합니다.

탁할까? 투명할까?

흙 사이로 흐르는 물은 조금씩 땅을 침식시킵니다. 그래서 가장 왼쪽 페트병에 달린 컵이 흙탕물이 된 것이지요. 가운데 페트병은 낙엽이나 죽은 식물들로 이루어진 층이 있어 땅이 침식되는 것을 막아 줍니다. 그래서 컵 속의 물이 왼쪽 컵보다 덜 탁하지요. 가장 오른쪽의 페트병은 식물 뿌리들이 단단하게 흙을 붙들고 있기 때문에 침식이 거의 일어나지 않습니다. 따라서 컵 속의 물이 가장 깨끗하고 투명합니다.

땅에는 작은 돌 조각과 함께 오래전에 죽은 식물과 동물의 유해가 섞여 있습니다.

식물의 뿌리는 흙을 단단하게 붙잡습니다.

흙이 거의 쓸려 가지 않았기 때문에 물이 가장 깨끗합니다.

1. 자연 관찰

침식하는 땅 실험하기

이 실험은 어렵지 않습니다. 하지만 인내심이 좀 필요하지요. 페트병 중 하나에 식물을 키워야 하기 때문입니다. 적어도 일주일 전에는 미리 설치해 실험을 준비하세요. 가능하다면 야외에서 실험하는 것도 좋습니다.

시간: 30분, 풀이 자라는 시간
난이도: 보통

준비물

플라스틱 컵 3개, 네임펜, 연필, 끈, 고무찰흙, 식물의 씨앗, 물뿌리개, 가위, 낙엽이나 죽은 식물들, 흙, 페트병 3개

자를 이용하면 깔끔하게 그릴 수 있습니다.

1 페트병에 네임펜으로 큰 직사각형을 그리세요. 흙과 물을 담을 수 있을 만큼 충분히 커야 합니다.

2 가위로 선을 따라 잘라 직사각형 구멍을 만드세요. 자르기 어려우면 부모님께 도움을 요청하세요. 잘라 낸 조각은 재활용하세요.

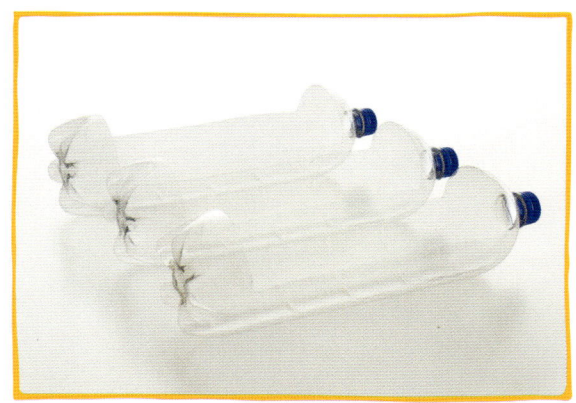

3 나머지 페트병도 똑같이 만들어 직사각형 구멍이 있는 페트병 세 개를 준비하세요.

침식하는 땅 29

4 페트병 중 하나에 흙을 담으세요. 병의 입구 아래까지 담으면 됩니다.

5 식물의 씨앗을 뿌리세요.

흙이 촉촉하게 젖을 정도로만 뿌리세요.

6 물뿌리개를 이용해 물을 부어 흙을 촉촉하게 만드세요. 이때 물을 너무 많이 붓지 않도록 주의하세요.

7 햇빛을 충분히 받을 수 있고 너무 춥지 않은 곳에 페트병을 두세요. 매일 조금씩 물을 주어 흙이 마르지 않도록 합니다. 약 일주일 후에 풀이 자란 것을 확인할 수 있습니다.

8 이제 나머지 페트병도 준비하세요. 나머지 페트병에도 첫 번째 페트병에 넣은 양만큼 흙을 담으세요.

낙엽과 지푸라기, 마른 풀, 잔가지들로 이루어져 있습니다.

9 페트병 중 하나에는 흙만 담고, 다른 페트병에는 흙 위에 낙엽과 마른 풀 등을 깔아 주세요.

30   1. 자연 관찰

고무찰흙을 이용해 책상을 보호하세요.

10 이제 세 개의 물통을 만들 차례입니다. 컵 아래에 책상을 보호할 고무찰흙을 받치고 연필심을 이용해 컵 양쪽에 하나씩 구멍을 뚫으세요.

약간 까다로울 수 있으니 부모님에게 도움을 요청해도 좋습니다.

11 약 20cm 길이의 끈 세 개를 만드세요. 사진과 같이 끈을 구멍에 통과시킨 후 매듭을 만드세요. 반대쪽 구멍에도 똑같이 끈을 넣고 묶으세요.

12 다른 두 개의 컵에도 똑같이 손잡이를 만드세요. 컵에 물이 가득 차도 버틸 수 있을 만큼 튼튼한지 확인해야 합니다.

13 페트병의 목 부분에 물통을 거세요. 이제 실험할 준비가 되었습니다. 물이 넘치면 방을 더럽힐 수 있으니 가능하면 밖에서 실험하세요. 페트병 뚜껑을 연 다음, 흙 위로 천천히 물을 부으세요. 물이 흙 사이를 통해 흐르며 컵에 물이 차기 시작할 거예요.

원리 파헤치기

뿌리는 식물의 생존에 아주 중요한 역할을 합니다. 뿌리는 흙 속으로 자라며 물을 흡수하여 땅 위의 곧게 뻗은 줄기와 잎으로 물을 보내 줍니다. 식물의 뿌리는 아주 가는 수염뿌리부터 줄기처럼 두껍고 곧은뿌리까지 매우 다양하지요. 그중 수염뿌리는 흙 속 여러 방향으로 자랍니다. 마치 그물망처럼 뻗어 있어 흙을 단단하게 잡고 있지요. 이것이 바로 풀이 자란 페트병의 물이 거의 투명한 이유랍니다.

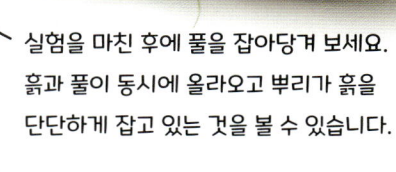

실험을 마친 후에 풀을 잡아당겨 보세요. 흙과 풀이 동시에 올라오고 뿌리가 흙을 단단하게 잡고 있는 것을 볼 수 있습니다.

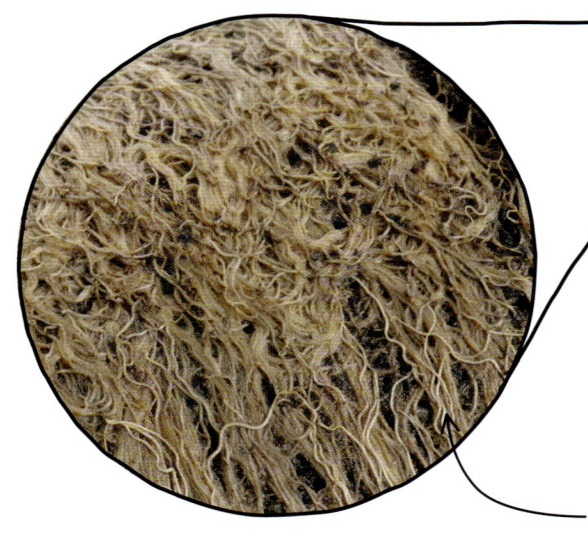

흙 아래를 보면 아주 작고 가는 뿌리들이 흙 사이사이에 서로 꼬여 있는 것을 볼 수 있습니다. 이 작고 가는 뿌리가 얽혀 있기 때문에 토양이 물에 쓸려 가는 것을 막을 수 있답니다.

손으로 흙을 꼭 짜면 물이 주르륵 떨어집니다. 흙 속에 얼마나 많은 물이 남아 있는지 확인해 보세요.

우리 주변의 과학

토양 침식

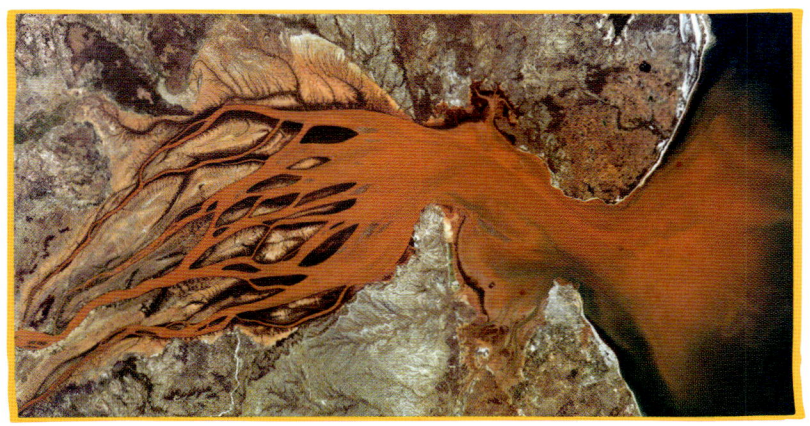

만약 땅을 보호하지 않으면 어떻게 될까요? 폭우가 내리는 동안 식물이 자라는 데 필요한 영양분도 흙과 함께 쓸려 내려갈 것입니다. 왼쪽 사진은 우주에서 찍은 토양 침식 사진입니다. 강으로 흘러들어 간 흙은 물속에 사는 동물들에게 영향을 끼치지요. 이때 강 주변에 식물을 심으면 토양이 침식되는 것을 막고 강을 깨끗하게 유지할 수 있습니다. 또 식물의 뿌리와 죽은 식물 또는 나뭇가지 등을 이용해 작물과 동물이 자라는 데 필요한 토양을 보호할 수 있습니다.

특별한 화분

흙이 전혀 없이 축축한 솜뭉치에서도 식물은 자랄 수 있습니다. 식물은 물을 찾기 위해 뿌리를 아래쪽으로 뻗으며 자랍니다. 물론 더 튼튼하게 자라려면 양분이 더 필요합니다. 하지만 식물은 충분한 양의 물과 빛이 있으면 쭉 뻗어 가며 자라기 시작합니다.

식물은 성장에 필요한 양분을 만들기 위해 빛을 찾아 위쪽으로 뻗어 올라갑니다.

뿌리는 물이 깊는 아래쪽으로 자랍니다.

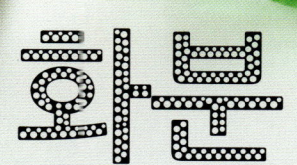

흙 없는 화분

만약 오랜 시간 동안 우주를 여행하고 있고 또 우주선 안에 정원이 없다면 어떻게 식물을 키울 수 있을까요? 이럴 때 여러분은 흙 없이 식물을 키우는 '수경 재배법'을 이용할 수 있습니다. 지금부터 수경 재배법으로 식물을 키워 봅시다.

흙 없는 화분 만들기

흙 없는 화분은 집에 있는 재료로 쉽게 만들 수 있습니다. 화분에 심은 강낭콩 씨앗은 며칠이 지나면 싹이 트고 뿌리가 나며, 1~2주가 지나면 작은 식물로 자랄 것입니다.

시간: 30분, 식물이 자라는 시간   **난이도**: 보통

준비물

지점토 / 끈 / 가위 / 나무 꼬치 / 식물의 씨앗(강낭콩) / 솜뭉치 / 페트병 / 충분한 양의 물

1 페트병 길이 정도로 자른 끈 다섯 개를 만드세요. 그 중 네 개는 물을 흡수해 식물에게 공급할 것이고, 나머지 한 개는 나무 꼬치를 묶어 식물을 지탱할 삼각대를 만들 것입니다.

부모님께 함께 자르세요.

2 가위로 페트병 가운데에서 양쪽으로 약 5cm만큼 떨어진 곳을 자르세요. 윗부분과 아랫부분은 사용하고 가운데 부분은 재활용하세요.

3 사진처럼 페트병의 윗부분을 뒤집어 넣어 화분을 완성하세요. 뒤집힌 페트병은 씨앗이 자랄 공간이자 물이 증발하는 것을 막아 주는 역할을 합니다.

34 1. 자연 관찰

물을 사진처럼 페트병 뚜껑 바로 아래까지 채우세요.

4 페트병 뚜껑 아래까지 물을 채우세요. 약 10cm 정도의 깊이면 충분합니다.

물에 젖은 끈은 씨앗이 자랄 수 있도록 물을 공급합니다.

5 페트병 입구로 과정 1에서 만든 끈 네 개를 넣으세요. 이때 끈의 윗부분은 페트병 입구 위에 남겨 흡수된 물이 솜뭉치에 전달되도록 합니다.

6 솜뭉치를 화분 위에 넣고, 씨앗을 솜뭉치 위에 뿌리세요.

나무 꼬치의 뾰족한 부분에 찔리지 않도록 주의하세요.

7 이제 식물의 줄기를 지탱해 줄 삼각대를 만들 차례입니다. 나무 꼬치 아래에 둥글게 만든 지점토를 꽂으세요.

8 세 개의 나무 꼬치를 세로로 세운 다음, 끝부분이 교차하도록 모으세요. 왼쪽 사진처럼 끈으로 묶어 삼각대를 만드세요.

9 솜뭉치 위에 삼각대를 세우고 화분을 밝은 곳에 두세요.

흙 없는 화분   35

삼각대는 줄기를 지탱해 줍니다.

끈을 타고 흐르는 물 때문에 솜뭉치들은 금방 축축해집니다.

뿌리는 1~2주 사이에 물이 있는 아래쪽으로 자랍니다.

10 며칠이 지나면 솜뭉치에서 싹이 틉니다. 몇 주 후에 식물을 흙이 담긴 화분으로 옮기거나, 어른의 도움을 받아 물에 여러 가지 영양분을 넣어 식물이 잘 자랄 수 있도록 해 주세요.

원리 파헤치기

페트병 아래쪽에 있는 물은 끈을 타고 올라와 솜뭉치를 축축하게 만듭니다. 이때 씨앗이 솜뭉치에 스민 물을 충분히 흡수하면 뿌리가 자라고 싹이 트지요. 물과 공기, 빛이 있다면 식물은 얼마든지 자랄 수 있습니다. 이는 흙이 없이도 식물이 자랄 수 있는 이유이기도 하지요. 뿌리에 있는 특별한 화학 물질인 옥신(Auxin)은 뿌리가 물이 있는 아래쪽으로 자랄 수 있도록 도와줍니다. 또 아랫면에 위치한 옥신은 뿌리의 아래쪽을 더 천천히 자라게 하여 땅과 수평한 방향의 뿌리도 지구의 중력 방향으로 구부러지게 합니다.

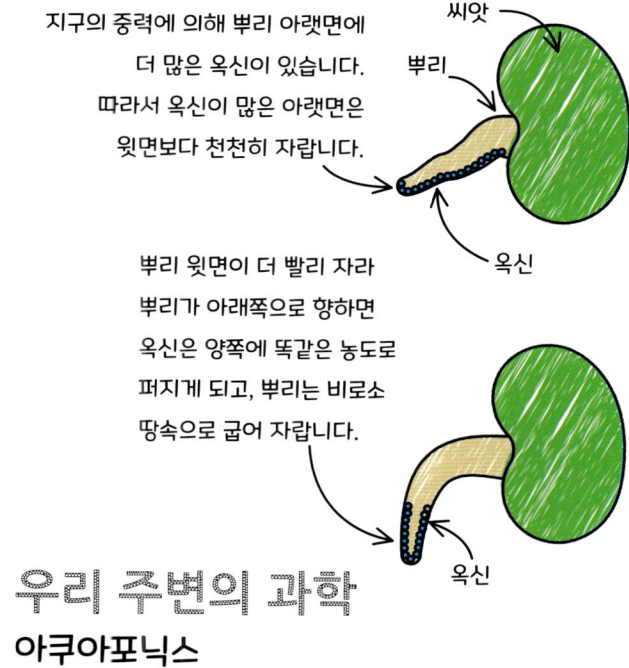

지구의 중력에 의해 뿌리 아랫면에 더 많은 옥신이 있습니다. 따라서 옥신이 많은 아랫면은 윗면보다 천천히 자랍니다.

뿌리 윗면이 더 빨리 자라 뿌리가 아래쪽으로 향하면 옥신은 양쪽에 똑같은 농도로 퍼지게 되고, 뿌리는 비로소 땅속으로 굽어 자랍니다.

우리 주변의 과학
아쿠아포닉스

어떤 식물들은 수경 재배 탱크 속에서 자랍니다. 탱크 속의 식물들은 더 빨리 튼튼해지도록 흙에서 얻을 수 있는 영양분을 함유한 물을 먹고 자라지요. 수경 재배 방법 중 하나인 아쿠아포닉스(Aquaphonics)는 물고기 양식(Aquaculture)과 수경 재배(Hydrophonics)의 합성어로 물고기와 식물을 함께 기르는 것을 말합니다. 물고기를 키우며 발생하는 유기물을 이용해 식물을 키우는 방법이지요. 물고기는 식물에게 양분을 제공하고, 식물은 물고기를 위해 물을 여과시켜 깨끗하게 만들어 줍니다.

포트묘

정원사들은 어린 씨앗을 보호하며 키우기 위해 화분을 이용합니다. 이를 포트묘(묘목 화분)라고 부르는데 보통 종이를 찢어 죽처럼 만든 다음, 플라스틱 화분을 본떠 모양을 만듭니다. 종이 화분이 마르면 완두콩을 심어 싹이 트고 자라는 것을 관찰해 보세요.

종이 화분

종이 화분은 환경을 오염시키지 않고 흙에서 분해되기 때문에 야외에서 식물을 심기에 적합합니다.

종이 화분은 토양을 오염시키지 않고 분해됩니다.

화분은 재료인 종이의 색을 그대로 간직하고 있지요.

포트모 37

포트모 만들기

이 실험에서는 종이를 찢고 물을 부어 만든 펄프를 이용합니다. 펄프로 호분 모양을 빚은 다음 말려서 종이 화분을 만들지요. 색 도화지 외에도 오래된 신문이나 잡지처럼 다양한 종이를 사용할 수 있습니다. 종이 화분은 마르고 나서도 화분 모양을 잘 유지합니다. 뿐만 아니라 그대로 땅에 심어도 환경을 오염시키지 않고 분해됩니다.

시간: 30분, 종이가 마르는 시간

난이도: 보통

준비물

밀가루 ½ 컵 · 흙 · 충분한 양의 물

플라스틱 화분 · 완두콩 · 유리그릇

물뿌리개 · A3 크기의 색 도화지 · 접시

1 색 도화지를 약 1cm 너비로 찢은 다음, 작은 사각형으로 잘라 유리그릇에 넣으세요.

2 찢은 종잇조각들이 충분히 젖도록 물을 부으세요. 이때 물을 너무 많이 넣지 않도록 주의하세요.

1. 자연 관찰

3 과정 2에서 만든 젖은 종이를 집어 손으로 물을 꼭 짜세요. 종이가 죽처럼 흐물거릴 때까지 이 과정을 반복하세요.

밀가루를 더 많이 넣었을 때와 적게 넣었을 때, 화분이 어떻게 만들어지는지 비교해 보세요.

4 과정 3을 거친 종이에 밀가루를 넣으세요. 밀가루와 종이가 잘 섞이도록 손으로 젓고 물기를 꼭 짜세요.

> 종이는 식물 안에 있는 질긴 섬유인 셀룰로오스로 만들어집니다.

5 다시 한 번 밀가루가 섞인 종이죽을 꼭 쥐어 물기를 짠 후, 플라스틱 화분에 골고루 붙이세요. 화분을 따뜻하고 건조한 곳에 약 24시간 동안 거꾸로 세워 놓으세요.

화분이 갈라지지 않도록 조심하세요.

6 종이 화분이 완전히 마르면 플라스틱 화분을 분리해야 하는데요. 화분의 윗부분을 조심스럽게 돌려 플라스틱 화분과 종이 사이를 느슨하게 만든 뒤 플라스틱 화분 양쪽을 살짝 누르세요. 천천히 떨어지도록 상하좌우로 조금씩 움직여 화분을 분리하는 것이 중요합니다.

이 과정은 조금 어려우니 부모님께 도움을 요청하세요.

포트모 39

7 종이 화분에 흙을 채우고 약 1cm 깊이에 씨앗을 심으세요. 물이 새어 나올 수 있으니 화분 아래에 쟁반을 받치고 창틀에 두세요. 과정을 마치고 나서 손을 꼭 씻으세요.

원리 파헤치기

한 장의 종이는 수백만 개의 가느다란 섬유로 이루어져 있습니다. 이 섬유들은 셀룰로오스(Cellulose)라는 물질로 만들어지지요. 셀룰로오스는 식물 세포의 세포벽을 형성하는 아주 작은 관입니다. 셀룰로오스는 원섬유라는 아주 작은 가닥의 섬유로 연결되어 있는데, 종이를 물에 적셔서 펄프로 만들면 원섬유가 셀룰로오스에서 떨어져 나옵니다. 펄프가 마르면 원섬유가 다시 결합하고 셀룰로오스 섬유도 다시 결합하지요. 종이 화분을 땅에 묻으면 흙 속의 미생물들은 셀룰로오스를 더 작은 입자로 분해하고, 종이는 점점 분해되어 흙의 일부가 됩니다.

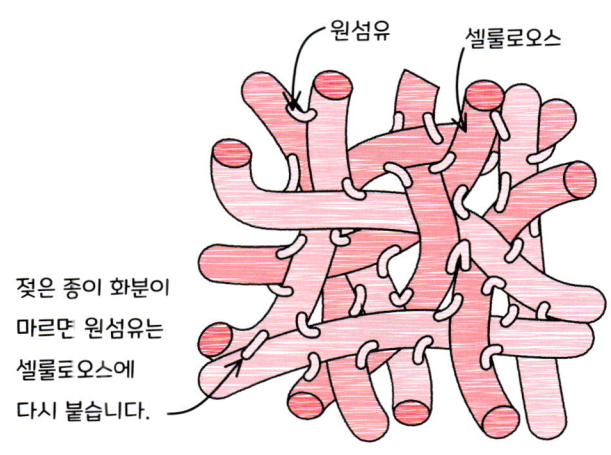

원섬유 셀룰로오스

젖은 종이 화분이 마르면 원섬유는 셀룰로오스에 다시 붙습니다.

흙을 촉촉하게 만드세요. 단, 너무 흠뻑 적시지 않도록 주의하세요.

8 화분에 물을 주세요. 흙이 마르지 않도록 하고, 매일 정해진 시간에 씨앗이 잘 자라는지 관찰하세요. 식물이 약 15cm 크기로 자랐다면, 정원에 구멍을 파고 종이 화분을 묻어 계속 자랄 수 있게 하세요.

우리 주변의 과학
재활용

종이는 재활용하기 쉬운 재료 중 하나입니다. 셀룰로오스 섬유는 으깨서 펄프로 만들 수 있고, 다시 뭉쳐서 종이로 만들 수 있기 때문입니다. 위의 사진처럼 재활용품은 공장으로 운반됩니다. 이 공장에서 종이는 골판지나 신문지와 같이 여러 종류로 분리되고, 깨끗한 펄프로 다시 탄생합니다.

균사체

아래 사진 속에 보이는 하얀 섬유 덩어리를 균사체라고 합니다. 균사체란 균류의 생식 세포인 포자에서 자라는데, 포자는 버섯과 같은 균류의 특정 부위에서 퍼져 나옵니다. 이 실험에서 여러분은 여러 실험 조건들을 조절하여 균사체를 만들 것입니다.

이 실험에 사용되는 버섯이나 균사체를 절대 먹지 마세요!

균류가 살아남기 위해 필요한 산소는 유리병 위를 감싼 종이를 통해 들어갑니다.

여러분은 균사체가 자라는 모습을 유리병의 옆면을 통해 관찰할 수 있습니다.

먹이 공급

식물들이 자신에게 필요한 영양분을 스스로 만드는 것과 달리 균류는 스스로 영양분을 만들지 못합니다. 균류는 에너지를 얻거나 성장하기 위해 다른 무언가를 먹어야 합니다. 이번 실험에서 균사체를 만드는 버섯 포자는 골판지를 먹고 자랍니다.

균사체 재배하기

균사체를 유리병 가득 키우려면, 먼저 손과 유리병을 잘 씻고 깨끗한 골판지를 준비해야 합니다. 만약 박테리아가 유리병 안에 들어가면 증식하면서 균사체의 성장을 방해할 수도 있습니다. 실험이 끝난 후에는 부모님께 유리병 속의 내용물을 버려 달라고 요청하세요.

 시간: 90분  난이도: 보통  주의 사항
만약 버섯 알러지가 있다면 이 실험을 하지 마세요.

준비물

 충분한 양의 물

 전자레인지용 플라스틱 그릇

 가위

 느타리버섯

 연필

 고무줄

 골판지

 깨끗한 유리병

한지 또는 화장지

전자레인지

1 유리병을 이용해 크기가 같은 원 여섯 개를 그리세요.

2 가위로 원을 오리세요. 이 원들은 균사체가 자라는 공간이 됩니다.

골판지가 완전히 잠기도록 물을 부으세요.

3 전자레인지용 그릇에 원 조각들을 넣고 물을 넉넉히 채우세요.

1. 자연 관찰

물을 가열하는 것은 균사체가 자라는 데 영향을 주는 박테리아를 없애기 위함입니다.

4 플라스틱 그릇을 전자레인지에 넣고 약 2분 동안 가열한 다음, 문을 열지 않고 그대로 한 시간 동안 식히세요.

5 전자레인지에서 그릇을 꺼내기 전에 손을 깨끗하게 씻고 수건으로 꼼꼼히 닦으세요.

6 물에서 골판지 조각을 꺼내 꼭 짜서 물기를 없애세요. 물기를 꼭 짠 뒤 축축해진 골판지 조각은 깨끗한 접시에 올려 두세요.

마트에 가면 느타리버섯을 구할 수 있습니다.

7 골판지 조각 하나를 유리병 바닥에 깔고, 버섯을 작은 조각으로 잘라 골판지 위에 두세요.

버섯이 골판지 조각 가운데에 있는 것이 가장 좋지만 그렇지 않아도 괜찮아요.

8 과정 7의 느타리버섯 위에 골판지 조각을 올리고 다시 버섯을 놓으세요. 이 과정을 반복하세요.

9 느타리버섯 조각과 골판지를 번갈아 가며 유리병 속에 넣으세요. 버섯을 만지고 난 후에는 꼭 손을 씻으세요.

균사체 43

10 유리병 뚜껑 대신 화장지나 한지처럼 얇은 종이로 입구를 덮고 고무줄로 고정시키세요.

얇은 종이는 균류가 자라는 데 필요한 산소가 유리병 속으로 들어오게 해 줍니다.

11 시원하고 어두운 곳에 유리병을 두고, 2~3일에 한 번씩 유리병을 관찰하세요. 균사체가 얼마나 빠른 속도로 자라는지 확인할 수 있습니다.

원리 파헤치기

여러분이 알고 있는 버섯은 균류 중 하나입니다. 땅속에 있는 버섯의 뿌리는 아주 가는 실들이 얽힌 거대한 망처럼 생겼습니다. 이것이 바로 균사체이지요. 균류는 흙 속이나 썩은 나무, 죽은 동물의 유해 등에서 발견할 수 있습니다. 균사체 가닥들은 땅속에서 뻗어 나오고 뭉쳐져 버섯으로 자랍니다. 이 버섯들은 새로운 균사체를 만들기 위해 수백만 개의 포자를 퍼뜨리고 발아하여 번식 과정을 반복합니다.

현미경을 이용하면 균사체의 구조를 관찰할 수 있습니다.

균사체는 아주 작은 실로 이루어져 있는데, 이는 균사라고 불리는 두꺼운 세포로 형성되어 있습니다.

우리 주변의 과학
버섯

몇몇 버섯들은 우리에게 유용한 양분이 있지만, 어떤 버섯들을 독성을 지니고 있습니다. 때문에 아무 버섯이나 먹으면 안 됩니다. 반드시 전문가의 확인이 필요하지요. 버섯 재배 농장에서 자란 것은 안심하고 먹을 수 있습니다. 버섯은 어둡고 시원하고 습한 환경에서 가장 잘 자라기 때문에 농부들은 농장의 온도와 습도를 일정하게 유지합니다.

날씨의 세계

날씨를 연구하는 과학 분야를 기상학이라고 합니다. 기상학자들은 날씨를 예측하고 관찰하는 과학자이지요. 이번 장에서는 기압을 측정하는 기압계, 강우량을 측정하는 우량계, 온도를 측정하는 온도계, 바람의 속도를 측정하는 풍속계와 같이 날씨를 관찰하고 측정하는 데 도움을 주는 여러 기구들을 만들 것입니다. 또 물이 얼었다 녹으면서 어떻게 바위를 깨트리는지에 대해 배울 것입니다.

기압계

믿기 어렵겠지만 여러분을 둘러싸고 있는 공기는 여러 방향에서 여러분을 누르고 있습니다. 이 강력한 힘을 대기압이라 부르고, 이 압력을 측정하는 기구를 기압계라고 합니다. 일기 예보관들은 기압계로 기압을 측정하고 기압의 변화에 따라 날씨가 어떻게 변할지 예측합니다.

대기압

지구를 둘러싸고 있으며 두께가 약 100km 이상 되는 기체층을 대기라고 합니다. 여러분 위에 있는 공기는 대기압을 만들지요. 공기가 따뜻하거나 시원한 정도에 따라, 물이 증발하여 공기 중에 수증기 양이 증가하거나 비가 내려 수증기 양이 줄어듦에 따라 대기압은 계속 변합니다.

눈금자에 있는 빨대의 위치를 매일 기록하세요. 관찰하다 보면 기압 변화의 유형을 알 수 있고, 앞으로 어떤 일이 일어날지 예측할 수 있습니다.

기압계의 빨대는 위아래로 움직여 기압의 변화를 나타냅니다.

기압계 만들기

기압계는 쉽게 만들 수 있습니다. 유리병 입구에 고무풍선을 고정하면 완성할 수 있지요. 기압이 높아지면 유리병 밖의 공기는 고무풍선을 아래로 밀고, 기압이 낮아지면 고무풍선은 다시 늘어납니다. 빨대를 고무풍선에 붙인 다음 압력의 변화에 따라 빨대가 위 아래로 움직이는 것을 관찰해 보세요.

1. 고무풍선의 입구를 위 사진처럼 잘라 내세요. 풍선을 불지 않고도 고무풍선을 유리병 입구에 씌울 수 있습니다.

시간: 20분　**난이도:** 보통

준비물

빨대 / 연필 / 고무풍선

자

색 도화지 / 가위

색 테이프

고무줄 / 유리병

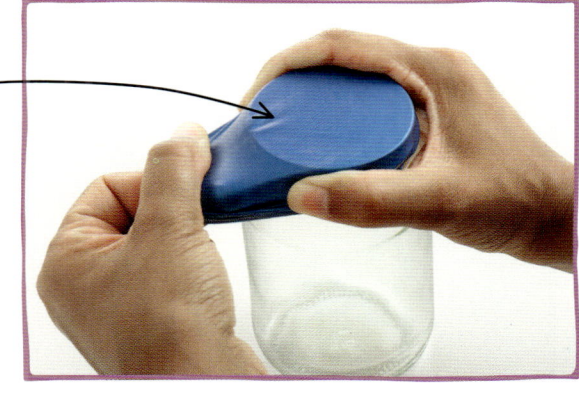

표면이 매끄러운지 확인하세요.

2. 고무풍선을 잡아당겨 유리병 윗부분을 덮어서 유리병 안의 공기가 빠져나가지 않도록 하세요. 주름이 생기지 않도록 고무풍선을 팽팽하게 잡아당겨야 합니다.

3. 고무줄로 고무풍선을 고정하세요. 유리병 안의 공기가 새어 나오지 않도록 하세요.

2. 날씨의 세계

4 테이프를 잘라 빨대 끝에 붙이세요. 고무풍선의 가운데에 빨대를 붙이세요.

빨대의 끝부분을 고무풍선 한가운데에 놓으세요.

5 눈금자를 만들기 위해 위 사진처럼 색 도화지를 길게 반으로 접으세요.

6 자를 이용해 1cm 간격으로 선을 그리세요.

7 창문이나 에어컨, 온풍기에서 멀리 떨어져 있고, 기온이 일정한 곳에 기압계를 설치하세요. 유리병 안의 공기가 따뜻해지거나 차가워지면 기압계가 팽창하거나 수축합니다. 기압계의 눈금을 매일 기록하다 보면 여러분만의 일기 예보를 만들 수 있습니다.

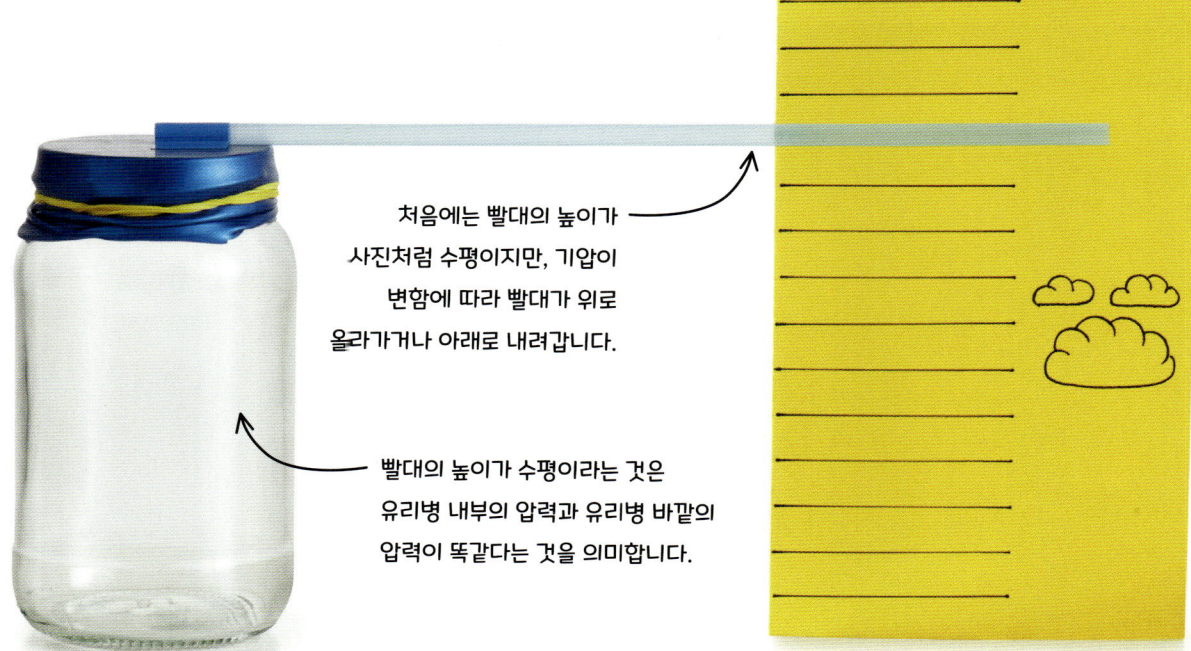

처음에는 빨대의 높이가 사진처럼 수평이지만, 기압이 변함에 따라 빨대가 위로 올라가거나 아래로 내려갑니다.

빨대의 높이가 수평이라는 것은 유리병 내부의 압력과 유리병 바깥의 압력이 똑같다는 것을 의미합니다.

원리 파헤치기

여러분이 고무풍선을 누르면 유리병 안의 공기는 압축됩니다. 유리병 안 공기가 다시 고무풍선을 밀어 올리면 풍선은 누르기 전 원래 위치로 돌아옵니다. 기압이 변할 때에도 마찬가지입니다. 맑은 날 기압이 올라가면 외부 공기가 고무풍선을 누릅니다. 반대로 비가 내려 기압이 내려가면 고무풍선은 위로 올라옵니다.

저기압: 비가 올 때
기압이 낮을 때, 날씨는 흐리거나 비가 옵니다.

고기압: 맑을 때
기압이 높을 때, 날씨는 맑고 화창합니다.

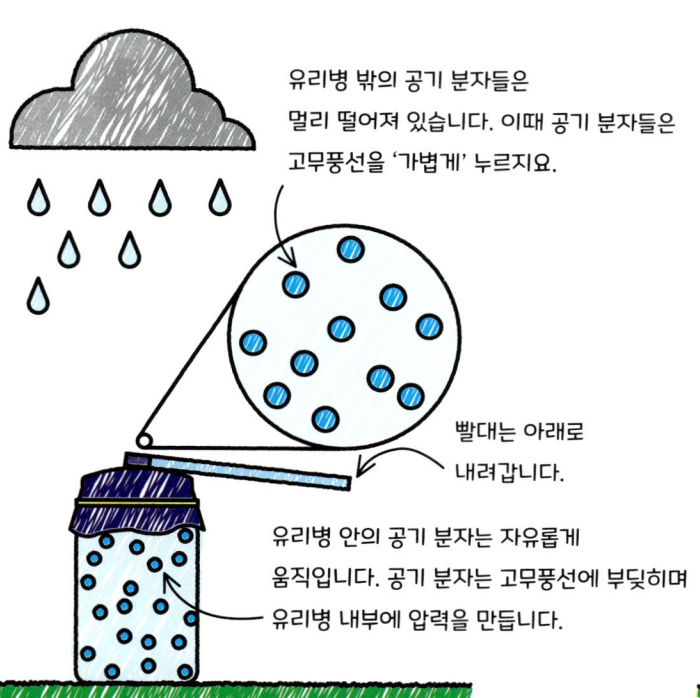

유리병 밖의 공기 분자들은 멀리 떨어져 있습니다. 이때 공기 분자들은 고무풍선을 '가볍게' 누르지요.

빨대는 아래로 내려갑니다.

유리병 안의 공기 분자는 자유롭게 움직입니다. 공기 분자는 고무풍선에 부딪히며 유리병 내부에 압력을 만듭니다.

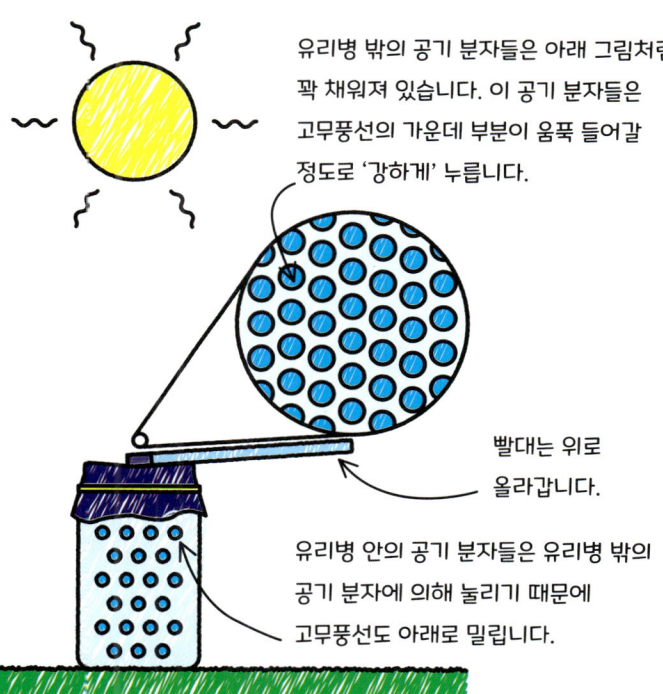

유리병 밖의 공기 분자들은 아래 그림처럼 꽉 채워져 있습니다. 이 공기 분자들은 고무풍선의 가운데 부분이 움푹 들어갈 정도로 '강하게' 누릅니다.

빨대는 위로 올라갑니다.

유리병 안의 공기 분자들은 유리병 밖의 공기 분자에 의해 눌리기 때문에 고무풍선도 아래로 밀립니다.

우리 주변의 과학
등압선

왼쪽 그림은 날씨 예보를 할 때 사용하는 지도인 일기도입니다. 일기도를 보면 숫자와 함께 선이 연결되어 있습니다. 이 선은 등압선(Isobar)이라고 부르는데, 이는 일기도에서 기압이 같은 지점을 연결한 선입니다. 등압선의 숫자가 높을수록 기압이 높음을 의미합니다. 기압이 낮은 지역은 비바람이나 태풍이 만들어지는 곳을 의미하지요.

우량계

기상학자 또는 일기 예보관들은 날씨의 변화를 알아내기 위해 강우량을 측정하고 비교합니다. 매주, 매월, 매년 기록하다 보면 언제 폭우가 내릴지, 가뭄이 얼마나 지속될지와 같이 농사를 짓는 데 중요한 정보를 예측할 수 있습니다. 이렇게 내린 비의 양을 측정하는 기구를 우량계라고 합니다.

비 오는 날

여러분이 사는 곳은 비가 자주 오나요? 건조한가요? 또 겨울에 비가 더 많이 내리나요, 아니면 여름에 비가 더 많이 내리나요? 우량계를 이용해 매주, 매월, 매년 내린 비의 양을 기록하여 알아보세요.

우량계 입구로 떨어진 비의 양을 측정하면 비가 얼마나 내렸는지 알 수 있습니다.

우량계는 몸통 옆에 눈금자가 있기 때문에 얼마나 많은 양의 비가 내렸는지 쉽게 측정할 수 있습니다.

우량계 만들기

우량계를 만들려면 페트병의 윗부분을 잘라 내고 자갈과 점토를 넣어 밑부분을 평평하게 만들어야 합니다. 여러분이 사는 곳에 얼마나 많은 비가 내리는지 측정하기 위해 우량계 바깥쪽에 자를 붙이세요.

1 페트병을 도화지로 둘러싼 다음 페트병의 입구에서 약 10cm 떨어진 곳에 네임펜으로 선을 그리세요.

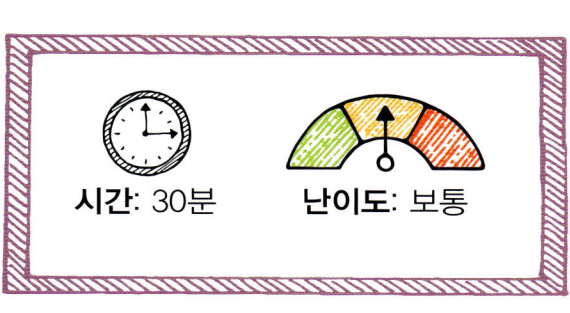

시간: 30분   **난이도**: 보통

준비물

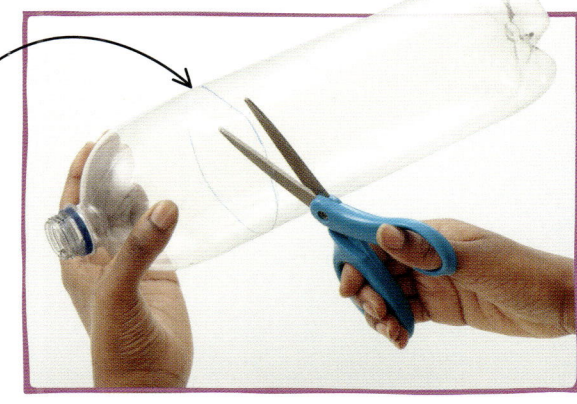

가위를 사용할 때 다치지 않도록 주의하세요.

2 선을 따라 페트병을 자르세요. 가장자리가 날카로울 수 있으니 조심하세요. 만일 자르기 어렵다면 부모님에게 도움을 요청하세요.

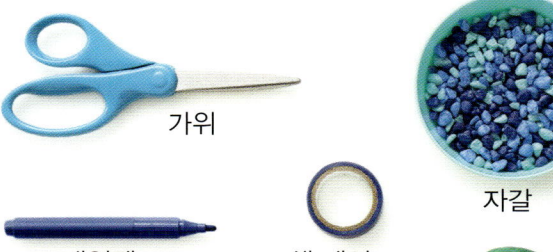

가위 / 네임펜 / 색 테이프 / 자갈

자

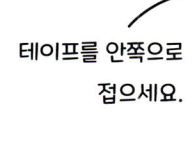
고무찰흙

색 도화지   페트병

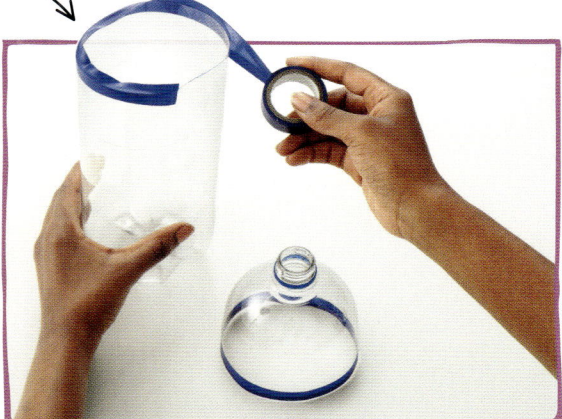

테이프를 안쪽으로 접으세요.

3 자른 두 곳의 가장자리를 테이프로 감싸고 안쪽으로 접어 붙이세요. 날카롭게 잘린 부분을 테이프로 정리하여 안전하게 하기 위함입니다.

52   2. 날씨의 세계

4 페트병이 쓰러지지 않도록 안쪽에 자갈을 넉넉하게 부으세요.

페트병 밑부분이 고르지 않기 때문에 자갈을 담아 평평하게 만들어 주세요.

5 고무찰흙을 두껍고 납작하게 다듬어 페트병 밑부분의 지름과 비슷하게 만드세요. 최대한 납작하고 매끄럽게 만드세요.

6 고무찰흙을 자갈 위에 놓고 손으로 꾹 누르세요. 이때 페트병 옆면도 고무찰흙으로 잘 막아 물이 자갈 쪽으로 새지 않도록 하세요.

깔때기로 우량계를 덮어 빗물이 증발하여 수증기로 바뀌지 않도록 합니다.

자의 0 부분이 찰흙 바로 위에 와야 합니다.

7 자를 페트병 밖에 붙이세요. 이때 자의 눈금 중 0 부분이 페트병 안의 고무찰흙의 윗부분에 오도록 하세요.

8 과정 2에서 만든 윗부분을 깔때기처럼 뒤집어 놓으세요. 이제 완성한 우량계를 건물이나 나무로부터 떨어진 야외에 놓습니다. 비가 내린 날 우량계에 찬 물의 높이를 확인하고 얼마나 많은 비가 내렸는지 기록하세요.

한 걸음 더 나아가기

만약 매일 같은 시간에 강우량을 측정하고 우량계를 비워 놓는다면, 여러분은 매주 비가 얼마나 내리는지 계산할 수 있습니다. 이 자료를 바탕으로 매주 강우량을 막대그래프로 그리면 어느 달에 가장 비가 많이 내렸는지, 적게 내렸는지 알 수 있지요. 이 결과를 인터넷으로 찾은 다른 지역의 강우량과 비교해 보세요. 지역마다, 나라마다 내리는 비의 양이 얼마나 다른지 확인할 수 있습니다.

원리 파헤치기

비가 내리면 대부분 빗물은 하수구로 흘러가거나 땅에 스며듭니다. 만약 빗물이 흘러갈 수 없다면 빗물은 지표면 위에 모이게 되고, 비가 더 많이 내리면 내릴수록 모인 물의 깊이는 깊어질 것입니다. 이것이 바로 우량계의 원리입니다. 이 실험에서 얼마나 많은 비가 내리는지 알려면 우량계에 비를 모으고 깊이를 측정하면 됩니다. 만약 입구의 크기가 두 배만큼 큰 우량계로 빗물을 모으면 두 배 많은 빗물을 모을 수 있지만 깊이는 여전히 같습니다. 넓어진 입구만큼 우량계의 바닥 면적 역시 두 배가 되었기 때문입니다. 축구장 크기의 우량계를 상상해 보세요. 비가 내릴 때 한 번에 수 천 리터의 빗물을 모으겠지만, 깊이는 몇 mm에 불과할 것입니다.

우리 주변의 과학
날씨를 관찰하는 사람들

우량계는 과학자들에게 매우 중요한 장치입니다. 그들은 시간에 따라 여러 지역의 날씨가 어떻게 변화하는지 추적하고, 미래의 날씨가 어떻게 변화할지 예측하기 위해 여러 방법으로 얻은 정보를 활용합니다. 이런 정보는 홍수나 가뭄을 대비하고, 기후 변화를 이해하는 데 도움을 주지요. 하지만 우량계는 과학자들만 사용하는 것이 아니랍니다. 농부들도 우량계를 이용해 농작물들이 얼마나 많은 양의 비를 맞았는지 가늠하기도 하지요.

내리는 비 중 일부가 우량계 안으로 떨어집니다.

지표면에 내리는 비는 대부분 땅으로 스며들거나 하수구로 흘러갑니다.

온도계

온도계는 물체의 뜨겁고 차가운 정도를 측정하는 도구입니다. 온도계의 종류는 다양하지만 가장 흔한 것은 액체 온도계입니다. 액체 온도계는 관 속의 액체가 온도 변화에 따라 팽창하거나 수축하는 성질을 이용한 것이지요. 이번 실험에서는 실내 또는 야외에서 사용할 수 있는 간이 액체 온도계를 만들 것입니다.

덥거나 혹은 춥거나

온도계를 집의 여러 곳 또는 야외에 두고 빨대 속의 물 높이를 관찰하세요. 물의 높이가 변하기까지는 시간이 걸리기 때문에 인내심을 가지고 관찰해야 합니다.

원래 물 높이

온도가 올라가면 빨대 속의 물 높이도 올라갑니다.

온도가 내려가면 빨대 속의 물 높이도 내려갑니다.

원래 물 높이

온도에 따라 변화하는 물의 높이를 쉽게 관찰하기 위해 식용 색소를 물에 넣으세요.

온도계 만들기

식용 색소를 탄 물과 플라스틱 빨대를 이용해 나만의 온도계를 만들 수 있습니다. 온도계가 잘 작동하는지 확인한 후에 캘리브레이션(Calibration), 즉 눈금 매기기 과정을 거쳐 온도계의 눈금을 만들어 보세요.

1. 유리병의 윗부분까지 물을 채우고, 식용 색소를 넣으세요.

시간: 30분 **난이도**: 보통 **주의 사항** 뜨거운 물을 사용할 때 부모님과 함께 하세요.

준비물

고무찰흙, 식용유, 식용 색소, 투명한 빨대, 스포이드, 매직펜, 작은 유리병, 자, 유리그릇

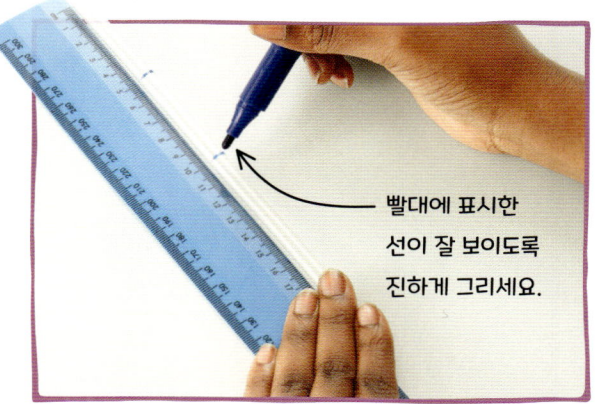

빨대에 표시한 선이 잘 보이도록 진하게 그리세요.

2. 빨대의 한쪽 끝에서 각각 5cm, 10cm만큼 떨어진 곳에 선을 표시하세요.

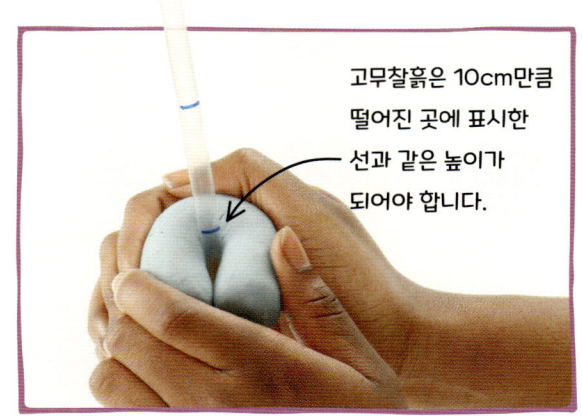

고무찰흙은 10cm만큼 떨어진 곳에 표시한 선과 같은 높이가 되어야 합니다.

3. 고무찰흙을 돌돌 말아 빨대 주위를 감싸세요. 이때 찰흙의 윗부분이 과정 2에서 그린 빨대의 아래쪽 선과 같은 높이가 되도록 합니다. 위의 사진을 참고하세요.

56 2. 날씨의 세계

4 빨대를 병의 바닥에 닿지 않도록 넣고, 사진처럼 고무찰흙으로 병의 입구를 감싸세요.

― 만약 빨대가 너무 길어 유리병 밑면에 닿으면 끝부분을 조금 잘라내세요.

5 물과 식용 색소를 섞은 다음, 스포이드를 이용해 색소물을 빨대 안에 넣으세요.

― 빨대의 위쪽 선까지 스포이드로 색소물을 넣으세요.

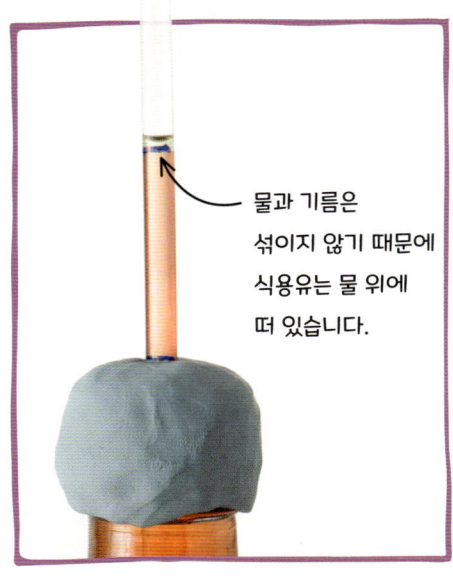

6 빨대 안으로 식용유 한 방울을 떨어뜨려 물이 증발하는 것을 막으세요.

― 물과 기름은 섞이지 않기 때문에 식용유는 물 위에 떠 있습니다.

7 드디어 온도계가 완성되었습니다. 잘 작동하는지 확인하기 위해 온도계를 뜨거운 물이 있는 그릇에 넣으세요. 빨대 속의 물이 점점 올라가는 것을 볼 수 있습니다.

― 온도가 높으면 높을수록 빨대 속 물은 더 높이 올라갑니다.

― 뜨거운 물을 쏟아 화상을 입지 않도록 주의하세요.

8 이제 온도계를 찬물에 넣고 어떤 일이 일어나는지 관찰하세요.

― 온도가 낮으면 낮을수록 빨대 속의 물은 더 내려갑니다.

― 얼음을 넣어 물을 아주 차갑게 만들어 실험해 보세요.

한 걸음 더 나아가기

여러분이 만든 온도계는 현재 기온이 높은지, 낮은지 알려 줍니다. 이때 마트나 약국 등에서 구입한 온도계와 비교하여 눈금을 만들면 온도를 더욱 정확히 측정할 수 있습니다. 이를 '캘리브레이션(눈금 매기기)'라고 합니다. 온도계를 뜨거운 물에 넣고 천천히 식히면서 눈금을 그리면 됩니다. 온도계에 나타나는 온도를 측정하며 동시에 여러분의 간이 온도계에도 눈금을 표시하세요. 더 낮은 온도의 눈금을 표시하려면 찬물을 넣거나 얼음을 넣어 온도를 낮추세요.

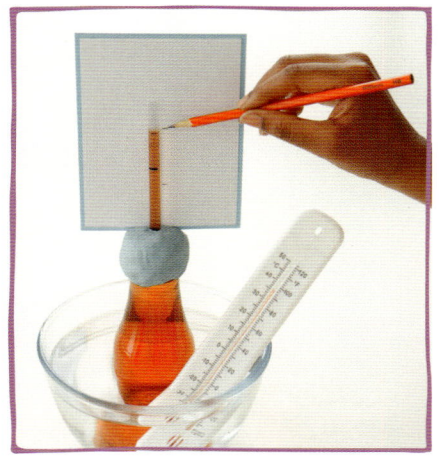

뜨거운 물에 넣었을 때

차가운 물에 넣었을 때

원리 파헤치기

물은 분자라는 아주 작은 입자로 이루어져 있습니다. 분자들은 끊임없이 움직이는데, 온도가 높으면 높을수록 더 활발히 움직이며 팽창합니다. 따라서 더 많은 공간을 차지하게 되지요. 이 실험에서 물이 팽창하며 이동할 수 있는 공간은 빨대뿐이므로 온도계를 뜨거운 물에 넣으면 빨대 속의 물 높이가 올라갑니다. 반대로 온도가 내려가면 물 분자는 느리게 움직이고 수축해 더 작은 공간을 차지하게 됩니다. 따라서 빨대 속의 물 높이도 다시 낮아지지요.

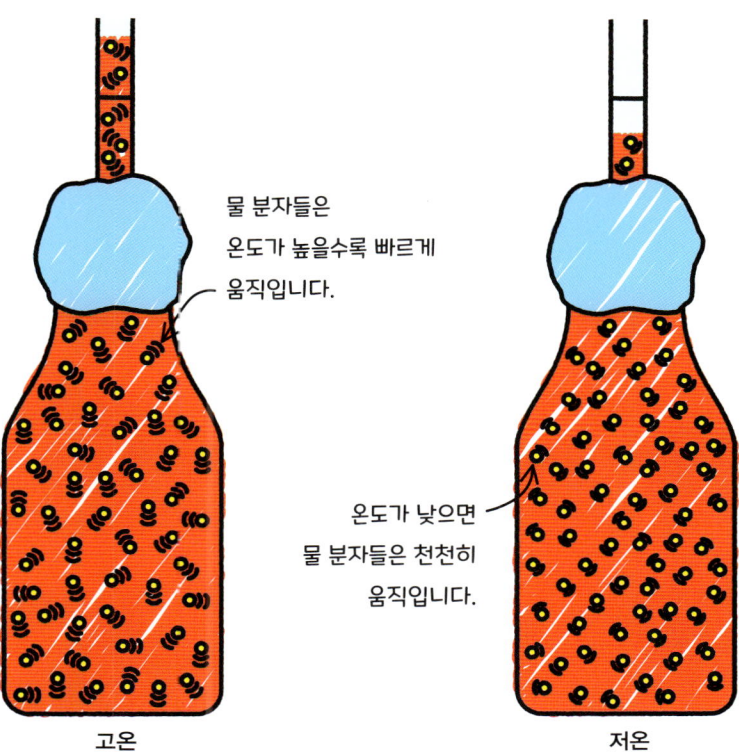

물 분자들은 온도가 높을수록 빠르게 움직입니다.

온도가 낮으면 물 분자들은 천천히 움직입니다.

고온 / 저온

우리 주변의 과학
체온

액체 온도계는 방의 온도뿐만 아니라 체온을 잴 때도 사용할 수 있습니다. 체온은 우리가 얼마나 아픈지 확인하는 중요한 지표가 되지요. 박테리아나 세균에 감염이 되면 병에 걸리게 됩니다. 만약 병에 걸렸다면 우리 몸은 세균이 번식하는 속도를 늦추기 위해 체온을 올립니다. 따라서 체온을 측정해 아픈 정도를 확인하고 약을 먹거나 병원에 가지요.

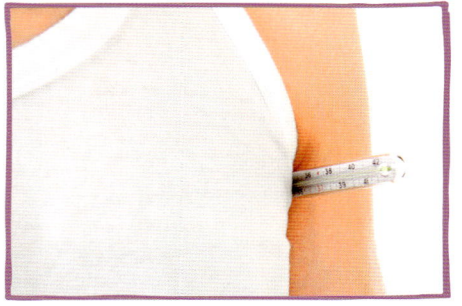

풍속계

바람은 아주 부드러운 미풍에서 매우 강한 돌풍까지 다양한 속도로 붑니다. 바람은 사실 공기가 움직이는 것입니다. 날씨 예보관이나 기상학자들은 풍속계를 이용해 바람의 속도, 즉 공기가 움직이는 속도를 측정합니다. 이번 실험에서 탁구공과 종이 상자를 이용해 나만의 풍속계를 만들고, 그 풍속계를 이용해 바람의 속도를 측정해 봅시다.

움직이는 공기

맑고 화창한 날씨에서 갑자기 비가 오는 날씨로 바뀌면 바람의 속도는 빨라집니다. 풍속계를 이용해 일정 기간 바람의 속도를 측정하고 날씨가 어떻게 바뀌는지 알아보세요.

2. 날씨의 세계

풍속계 만들기

이번 실험은 꽤 복잡하고 시간도 많이 걸리므로 각 과정을 천천히 따라 하세요. 종이 상자로 골판지 틀을 만든 다음, 끈을 달아 탁구공을 연결하세요. 바람이 부는 곳에 풍속계를 놓고 관찰하세요. 바람이 강하면 강할수록 탁구공은 더 멀리 밀려납니다.

시간: 1시간, 물감이 마르는 시간

난이도: 어려움

준비물

자, 가위, 양면테이프, 접착테이프, 탁구공, 각도기, 물감, 클립, 핀, 고무찰흙, 붓, 끈, 연필, 조약돌, 뚜껑이 없는 종이 상자, 색 도화지, 두꺼운 골판지, 비닐봉지, 빨대, 나무 꼬치

1 종이 상자에서 길쭉한 면의 각 가장자리에서 안쪽으로 1.5cm만큼 떨어진 곳에 자로 선을 그리세요. 길쭉한 면마다 각각 선을 그어 총 세 개의 직사각형을 그리세요.

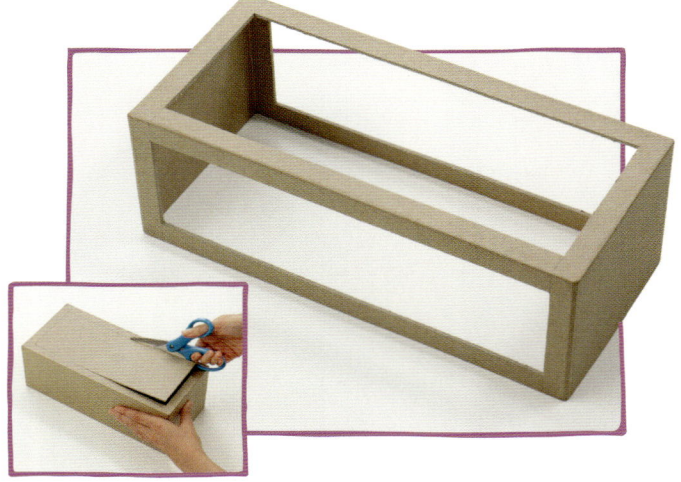

2 각 면의 사각형을 가위로 오려 위 사진과 같이 구멍 뚫린 틀을 만드세요.

풍속계 61

3 골판지에 가로 8cm, 세로 4cm인 직사각형을 그리고, 가운데에 세로로 선을 그리세요.

가위로 자국을 낼 때에는 반드시 가위 날을 닫고 해야 합니다.

가위로 자국을 낼 때에 선이 똑바른지 확인하세요.

4 과정 3에서 만든 직사각형을 오리세요. 가위와 자를 이용해 가운데 그린 선을 따라 꾹꾹 눌러 자국을 만든 다음 그 선을 따라 접으세요.

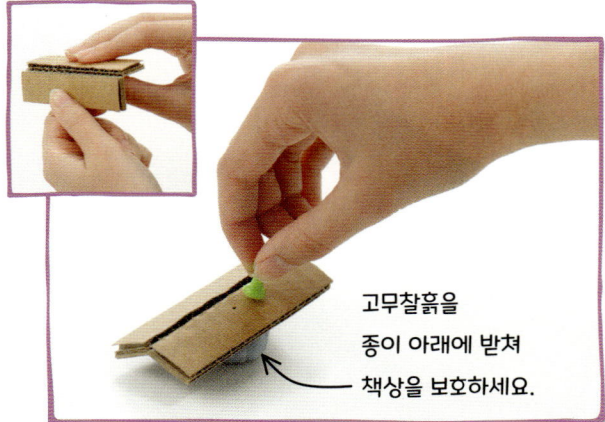

5 핀을 이용해 과정 4에서 만든 직사각형 조각에 두 개의 구멍을 뚫으세요. 구멍은 직사각형의 양 끝에서 각각 3.5cm만큼 떨어진 곳에 뚫어야 하고, 두 구멍은 서로 1cm 정도 떨어져 있어야 합니다.

고무찰흙을 종이 아래에 받쳐 책상을 보호하세요.

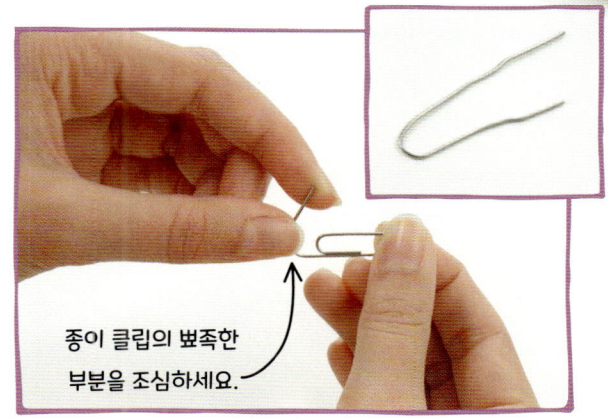

6 종이 클립을 펴서 U자 모양으로 만드세요. 만일 어렵다면 부모님께 도움을 요청하세요.

종이 클립의 뾰족한 부분을 조심하세요.

이 작은 틈으로 끈을 묶을 것입니다.

클립의 양 끝을 접은 다음 테이프를 붙여 단단하게 고정할 수 있습니다.

7. 과정 5에서 만든 구멍에 위 사진처럼 클립을 넣으세요. 이때 클립을 다 넣지 말고 끈을 묶을 수 있는 공간을 조금 남기세요. 클립의 양 끝을 바깥으로 접어 종이에 고정하세요.

8. 색 도화지 위에 각도기 또는 154쪽에 있는 견본을 대고 그린 다음, 자르세요.

클립 고리 아래에 각도기를 붙이면 됩니다.

9. 잘라낸 종이에 양면테이프를 위 사진처럼 붙이세요. 보호 필름을 벗긴 다음, 종이를 각도기에 붙이세요.

10. 양면테이프를 하나 더 잘라 각도기에 붙인 후, 과정 7에서 만든 직사각형 조각에 붙이세요. 위 사진처럼 각도기의 둥근 부분이 아래로 향하게 됩니다.

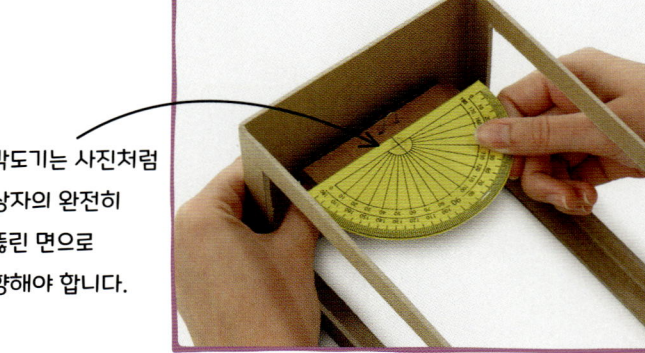

각도기는 사진처럼 상자의 완전히 뚫린 면으로 향해야 합니다.

11. 양면테이프를 직사각형 조각 반대쪽에 붙인 후 보호 필름을 떼세요.

12. 각도기가 달린 직사각형 조각을 틀에 사진처럼 붙이세요.

풍속계 63

13 틀과 탁구공을 물감으로 색칠하고 말리세요. 이 때 각도기는 색칠하지 않습니다.

고무찰흙을 이용해 책상을 보호하세요.

14 나무 꼬치의 뾰족한 부분에 테이프로 끈을 붙이세요. 나무 꼬치로 탁구공을 뚫으세요. 끈과 나무 꼬치가 반대쪽으로 나오면 테이프를 떼고 나무 꼬치를 빼세요.

15 탁구공을 틀에 매달 수 있을 정도의 길이로 끈을 자르세요. 한쪽 끝에 매듭을 지어 탁구공이 빠지지 않도록 하세요.

이 과정이 어렵다면 부모님과 함께 하세요.

16 클립으로 만든 고리에 끈을 묶으세요.

64 2. 날씨의 세계

17 탁구공이 기울어지지 않도록 각도기와 틀이 만나는 부분에 사진처럼 고무찰흙을 붙이세요.

18 비닐봉지를 긴 삼각형 모양으로 자른 다음, 빨대 윗부분에 붙여 깃발을 만드세요.

19 테이프로 틀 옆에 빨대를 붙이세요. 이제 풍속계를 사용할 준비가 되었습니다!

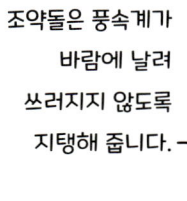

골판지가 젖어서 망가질 수 있으므로 비가 오는 날에는 풍속계를 밖에 두지 마세요.

깃발은 바람이 불어오는 방향을 알려줍니다.

바람이 틀의 왼쪽 또는 오른쪽 면 사이로 바람이 불어야 탁구공이 옆으로 움직입니다.

조약돌은 풍속계가 바람에 날려 쓰러지지 않도록 지탱해 줍니다.

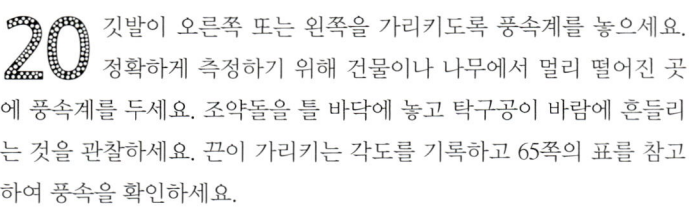

20 깃발이 오른쪽 또는 왼쪽을 가리키도록 풍속계를 놓으세요. 정확하게 측정하기 위해 건물이나 나무에서 멀리 떨어진 곳에 풍속계를 두세요. 조약돌을 틀 바닥에 놓고 탁구공이 바람에 흔들리는 것을 관찰하세요. 끈이 가리키는 각도를 기록하고 65쪽의 표를 참고하여 풍속을 확인하세요.

원리 파헤치기

공기가 움직여 바람이 불 때, 탁구공은 좌우로 움직입니다. 공은 끈에 매달려 있기 때문에 좌우로 움직이는 동시에 위로 흔들립니다. 바람이 빠르게 불면 불수록 탁구공은 더 강하게 좌우로 움직이고 더 많이 위로 흔들리지요. 여러분은 아래에 있는 표를 참고하여 끈이 가리키는 각도에 따른 풍속을 확인할 수 있습니다.

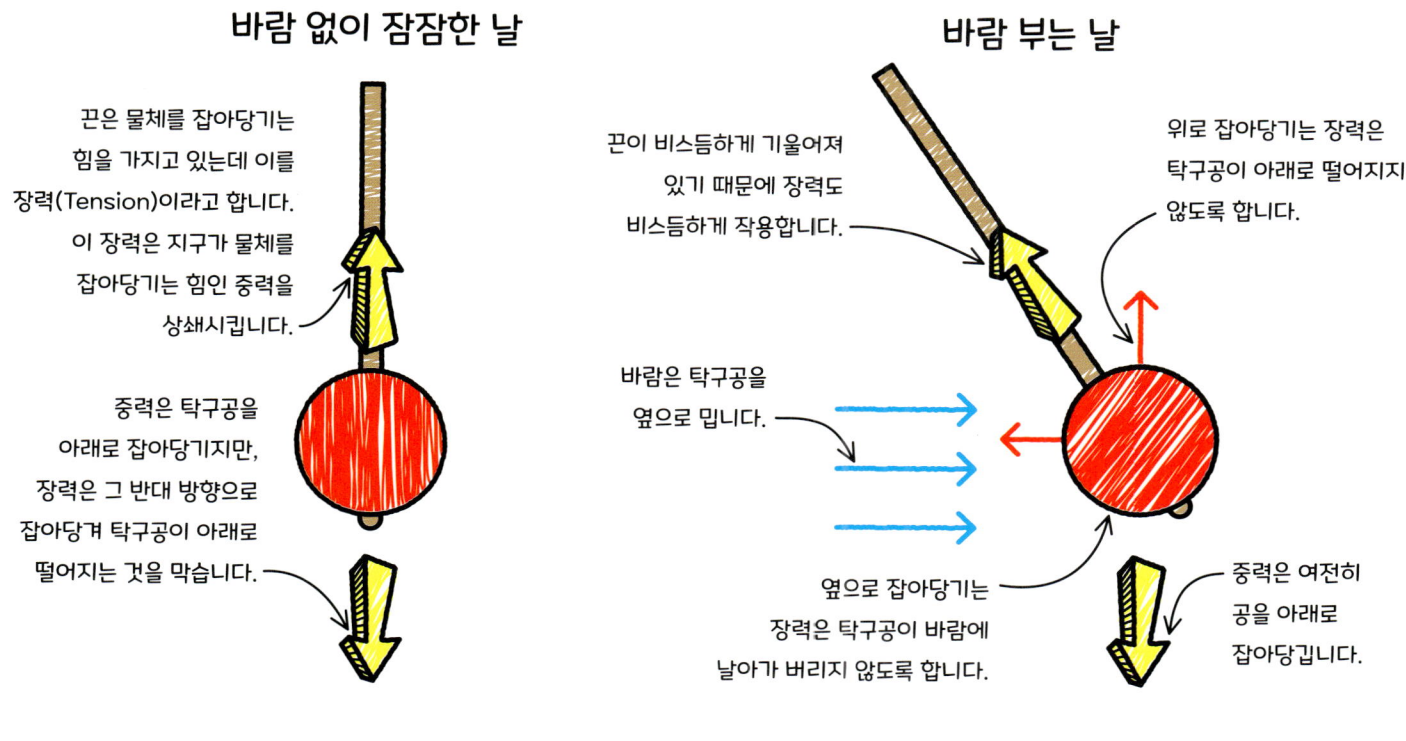

끈이 가리키는 각도		90°	85°	80°	75°	70°	65°	60°	55°	50°	45°	40°	35°	30°	25°	20°
풍속	시간당 km	0	9	13	16	19	22	24	26	29	32	34	38	42	46	52
	시간당 마일	0	5½	8	10	12	13½	15	16	18	20	21	23½	26	28½	32

우리 주변의 과학
풍속 측정하기

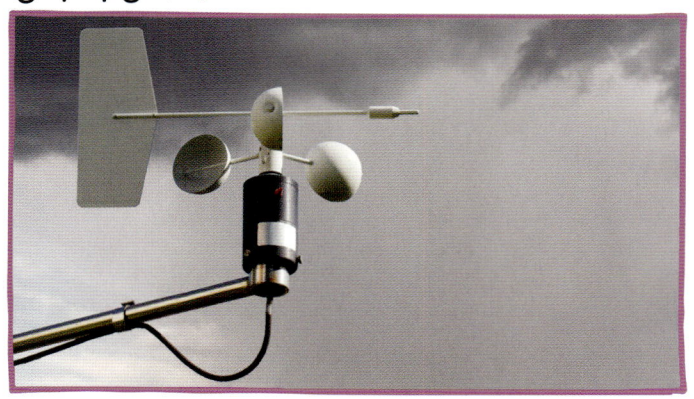

기상청은 기상학자와 일기 예보관이 시간에 따라 변하는 날씨를 관찰하고 예측하는 곳입니다. 기상학자는 풍속계의 한 종류인 컵 풍속계를 사용하는데, 이는 3개 또는 4개의 컵을 수직 기둥에 올려놓은 모양을 하고 있습니다. 바람은 이 컵을 밀어 기둥에 붙은 발전기가 회전하도록 합니다. 바람이 빨리 불면 불수록, 발전기는 더 많은 전기를 만듭니다. 컴퓨터는 이때 만들어진 전기량을 분석하여 풍속을 측정하고 기록합니다.

부서지는 바위

이번 실험에서는 물이 얼고 녹는 과정, 즉 '동결과 융해'가 어떻게 산만 한 바위를 깨트리는지 살펴볼 것입니다. 밤에는 온도가 내려가고 낮에는 올라갑니다. 따라서 물은 얼었다 녹았다를 반복하지요. 물은 다른 액체와는 달리 얼 때 부피가 팽창합니다. 따라서 바위 틈에 물이 들어가면 동결과 융해 과정이 반복됨에 따라 바위에 균열이 생기고 점점 더 넓어집니다. 아주 크고 단단한 바위조차도 결국엔 여러 조각으로 쪼개지지요.

이 바위 속에 있는 풍선에는 공기만 들어 있기 때문에 바위가 깨지지 않습니다.

공기와 물

물이 얼고 녹는 과정을 실험하기 위해 석고 바위 안에는 물로 가득 찬 파란색 풍선이 들어 있습니다. 바위가 조금씩 깨지고 마모되는 현상인 침식은 아주 천천히 일어나는 과정이지만 이번 실험에서 여러분의 바위는 하룻밤 만에 깨질 것입니다.

이 바위는 석고와 흙, 모래, 물의 혼합물로 이루어져 있습니다.

바위가 얼면서 풍선 속의 물이 팽창하기 때문에 바위가 깨집니다.

부서지는 바위 만들기

이 활동은 끈기와 인내심이 필요합니다. 석고 덩어리를 만들고 말린 다음, 다음날 밤까지 냉동실에 넣어 두어야 하기 때문입니다. 만약 피부가 예민하다면 석고를 만질 때 반드시 장갑을 끼세요.

시간: 30분, 말리고 얼리는 시간
난이도: 어려움
주의 사항: 석고 덩어리를 만들 때 부모님께 도움을 요청하세요.

준비물

플라스틱 컵 4개, 빨간색 풍선, 파란색 풍선, 나무 각대, 연필, 가위, 고무찰흙, 석고 가루 두 컵, 충분한 양의 물, 흙, 모래

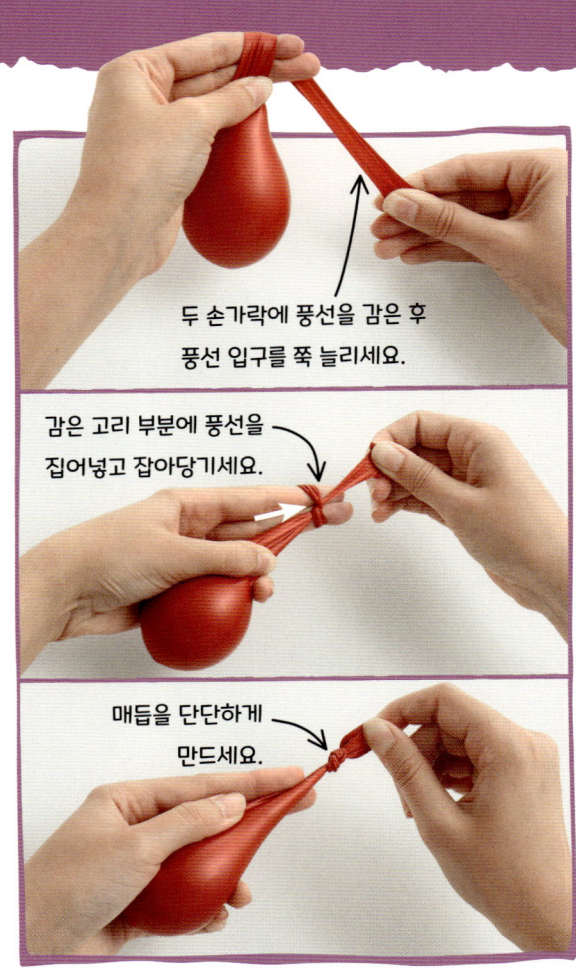

두 손가락에 풍선을 감은 후 풍선 입구를 쭉 늘리세요.

감은 고리 부분에 풍선을 집어넣고 잡아당기세요.

매듭을 단단하게 만드세요.

1 빨간색 풍선을 살짝 불어 매듭지으세요. 위 사진처럼 풍선의 입구를 늘려 고리를 만들어 풍선의 끝을 통과시키면 됩니다. 묶기 어렵다면 부모님께 도움을 요청하세요.

개수대나 야외에서 물을 담으세요.

2 빨간색 풍선과 비슷한 크기가 되도록 파란색 풍선에 물을 담고 매듭지으세요. 물이 쏟아지지 않도록 주의하세요.

부서지는 바위 69

3 고무찰흙 위에 컵을 놓고 밑바닥에 연필로 구멍을 내세요. 다른 컵에도 반복하여 구멍 뚫린 컵 두 개를 만드세요.

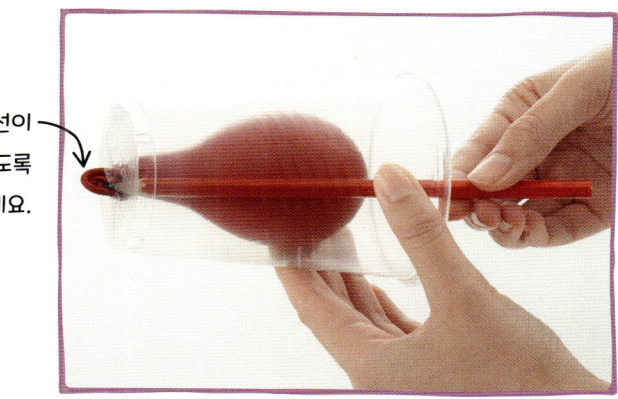

풍선이 터지지 않도록 주의하세요.

4 연필을 뭉뚝한 부분을 이용해 빨간색 풍선의 매듭을 컵의 구멍으로 밀어 넣으세요. 파란색 풍선도 똑같이 반복하세요.

물이 찬 풍선이 있는 컵과 공기가 든 풍선이 있는 컵이 있습니다.

5 컵을 거꾸로 세우세요. 풍선이 너무 커서 옆면에 닿지 않는지 확인하세요.

고무찰흙은 풍선을 고정시키고 구멍을 막는 역할을 하지요.

6 고무찰흙으로 매끄럽고 납작한 원판을 만들어 풍선의 매듭 부분에 놓고 단단히 누르세요.

7 다음 단계에서 사용할 석고 가루가 새지 않도록 풍선이 달린 컵을 나머지 빈 컵에 넣으세요. 위 사진을 참고하면 됩니다.

8 석고 가루가 있는 컵 중 하나에 물을 부으세요. 빵 반죽처럼 걸쭉한 농도가 될 때까지 물을 넣고 나무 막대로 천천히 저어주세요.

석고 가루에 물을 넣으면 거품이 생기고 따뜻해집니다.

2. 날씨의 세계

9 모래와 흙을 석고 반죽이 담긴 컵에 붓고 나무 막대로 저으세요.

만약 석고 반죽이 너무 걸쭉하면 물을 조금 더 붓고 나무 막대로 저으세요.

10 석고 반죽을 빨간색 풍선 컵과 파란색 풍선 컵에 부으세요.

11 석고 반죽이 담긴 두 개의 컵이 완성되었습니다. 이제 석고가 마를 때까지 두 컵을 안전한 곳에 밤새 두세요.

12 다음 날 석고 반죽이 바위처럼 단단하게 굳은 것을 볼 수 있습니다. 바깥쪽 컵을 벗기고 고무 찰흙을 뜯으세요.

14 가위로 석고 컵 옆면을 자르고 플라스틱 컵을 벗기세요. 풍선이 살짝 삐져나온 채로 두세요.

매듭은 자르지 마세요.

13 매듭 위로 튀어나온 풍선 꼭지를 자르세요. 이때 매듭을 자르지 않도록 합니다. 자칫하면 풍선이 터져 내용물이 흘러나올 수 있습니다.

컵을 자를 때 날카로운 가장자리에 손을 다치지 않도록 주의하세요.

부서지는 바위 71

15 두 개의 석고 바위를 냉동실에 넣고 굳히세요. 물과 공기, 석고 덩어리의 온도는 영하로 내려갈 것입니다. 따라서 풍선 속의 물은 얼게 되지요.

온도가 내려가도 공기가 팽창하지 않기 때문에 빨간색 풍선이 든 바위는 깨지지 않습니다.

16 다음 날 바위를 꺼내 관찰하세요. 빨간색 풍선이 들어 있는 바위는 멀쩡하지만, 파란색 풍선이 들어 있던 바위는 금이 간 것을 볼 수 있습니다.

원리 파헤치기

물은 분자로 이루어져 있습니다. 아주 작은 물 한 방울에도 셀 수 없이 많은 물 분자들이 들어 있습니다. 물이 액체 상태일 때 분자들은 자유롭게 움직이지만, 물이 얼면 분자들은 육각형 모양으로 고정됩니다. 이 육각형 구조 안에는 빈 공간이 있기 때문에 액체일 때보다 더 많은 공간을 차지합니다. 이것이 바로 냉동실에 넣은 석고 바위가 깨지는 이유이지요. 반대로 공기 분자들은 온도가 낮아지면 서로 더 가까이 잡아당기는 성질을 가지고 있습니다. 때문에 물과는 반대로 부피가 줄어들게 되지요. 그래서 빨간색 풍선이 든 석고 바위는 아무런 변화가 없답니다.

우리 주변의 과학
갈라진 바위들

물이 얼고 녹는 현상은 사막에서 자주 볼 수 있습니다. 사막의 밤은 아주 춥기 때문에 영하로 내려가고, 낮에는 온도가 50℃까지 올라가기 때문이지요. 물이 얼고 녹는 현상이 바위만 깨뜨리는 것은 아닙니다. 물이 얼면 부피가 팽창하기 때문에 수도관이 동파되거나, 자동차 엔진이 망가지기도 합니다. 그래서 사람들은 추운 겨울, 자동차 안의 물(냉각수)이 어는 것을 막아 주는 부동액을 넣어 엔진이 고장나는 것을 방지합니다.

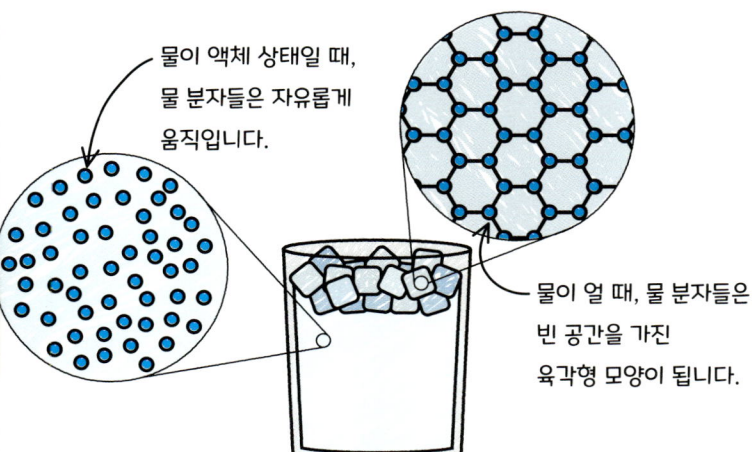

물이 액체 상태일 때, 물 분자들은 자유롭게 움직입니다.

물이 얼 때, 물 분자들은 빈 공간을 가진 육각형 모양이 됩니다.

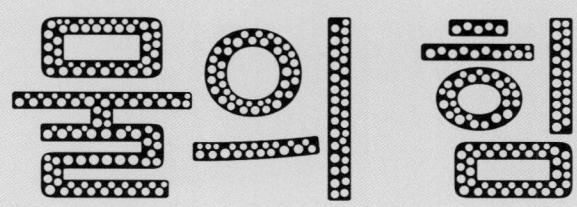

물의 힘

이번 장은 지구에서 가장 중요하고, 매력적인 물질인 '물'로 다양한 실험을 할 것입니다. 액체로서 물은 아주 놀라운 성질을 가지고 있습니다. 여러분은 아주 큰 비눗방울을 만들거나 소용돌이를 춤추게 할 수 있고, 찔러도 물이 새지 않는 지퍼백을 만들 수 있습니다. 또 얼음으로 직접 맛있는 아이스크림을 만들 수 있지요. 준비되었다면 물의 특별한 힘을 확인합시다.

둥둥 떠다니는 비눗방울

작은 비눗방울들은 단단하고 팽팽한 공 모양을 이룹니다. 하지만 비눗방울 안에 공기를 계속 가지고 있기 어렵기 때문에 금방 땅으로 떨어지지요. 반대로 큰 비눗방울은 더 많은 공기를 가지고 있기 때문에 좀 더 오랫동안 공중에 떠 있을 수 있습니다. 큰 비눗방울은 작은 비눗방울보다 덜 팽팽하기 때문에 마치 춤을 추는 것처럼 흔들거나 울퉁불퉁한 모양을 만들 수 있습니다.

거대한 비눗방울

공중에서 거대하고 화려한 비눗방울이 둥둥 떠다니는 모습을 상상해 보세요. 투명하고 반짝이는 비눗방울은 아주 아름다울 거예요. 이번 실험에서는 멋진 비눗방울을 만들 수 있는 도구와 비눗방울 액을 제작할 것입니다. 이를 이용하면 크고 반짝거리는 비눗방울을 만들 수 있지요. 단, 이 실험은 반드시 밖에서 하세요. 비눗방울이 갑자기 터지면 주변은 온통 끈적거리고 엉망진창이 될 테니까요.

거대한 비눗방울 만들기

비가 오기 직전이나 직후는 대기가 매우 습하기 때문에 크고 오랫동안 터지지 않는 비눗방울을 만들기에 완벽한 순간입니다. 공기 중에 수증기가 많을수록 공기는 습합니다. 따라서 공기 중의 많은 수증기가 비눗방울 막에 들어 있는 수분이 천천히 증발되도록 합니다. 그래서 비눗방울이 터지지 않고 오래 떠다닐 수 있지요.

시간: 90분   **난이도**: 보통

준비물

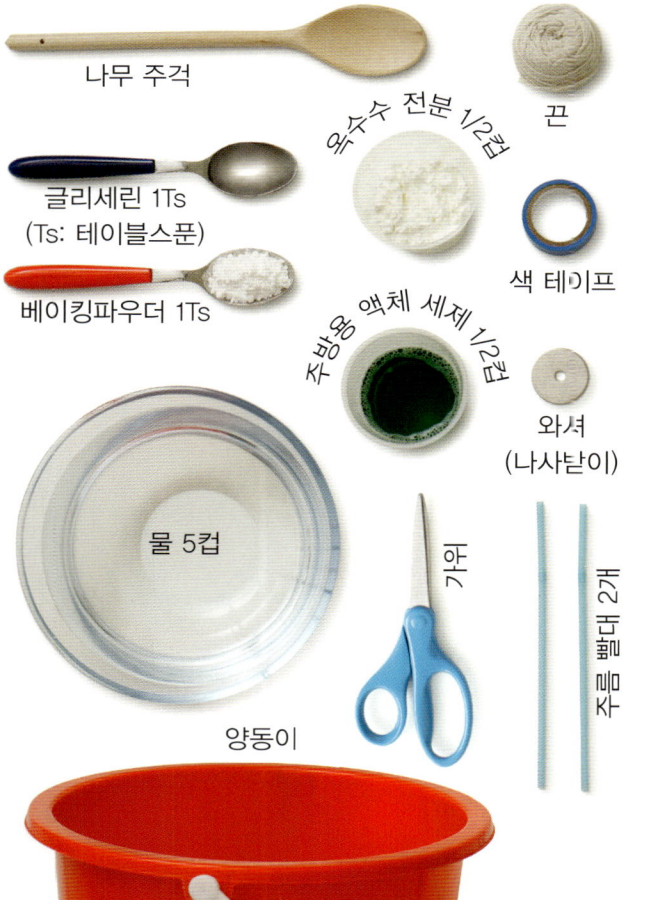

- 나무 주걱
- 글리세린 1Ts (Ts: 테이블스푼)
- 베이킹파우더 1Ts
- 옥수수 전분 1/2컵
- 끈
- 색 테이프
- 주방용 액체 세제 1/2컵
- 와셔 (나사받이)
- 물 5컵
- 가위
- 주름 빨대 2개
- 정원용 막대 2개
- 양동이

1 양동이에 물을 부으세요. 재료들을 잘 섞기 위해 약간 따뜻한 물을 사용하는 것이 좋습니다.

2 옥수수 전분을 물에 섞고 나무 주걱으로 부드럽게 저으세요. 가루가 밑에 가라앉으면 다시 골고루 섞으세요.

3 글리세린, 베이킹파우더, 액체 세제를 넣고 부드럽게 섞으세요. 이때 너무 거품이 많이 생기지 않도록 주의하세요. 약 한 시간 동안 혼합물을 그대로 두고 한 번씩 저어 주세요.

거대한 비눗방울 77

빨대의 주름 아래쪽을 잘라 고리 모양으로 접으세요.

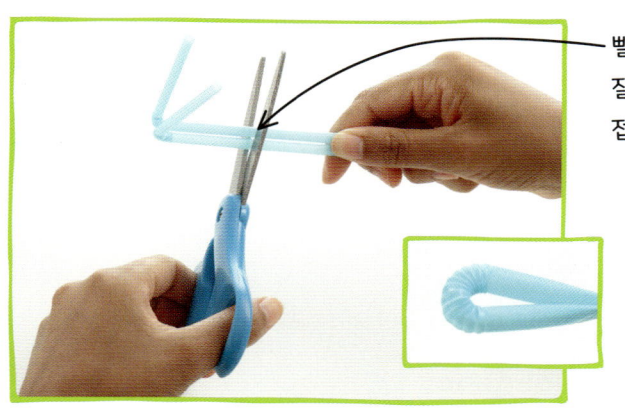

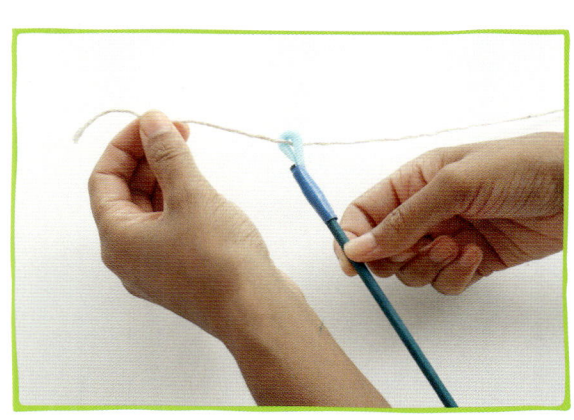

4 이제 비눗방울 틀을 만들 차례입니다. 주름 빨대를 반으로 자르고, 주름 부분을 각각 반으로 접어 사진처럼 고리 모양을 만드세요.

5 정원용 막대 위쪽에 고리를 납작하게 붙이고, 테이프로 고정하세요. 다른 막대도 똑같이 만드세요.

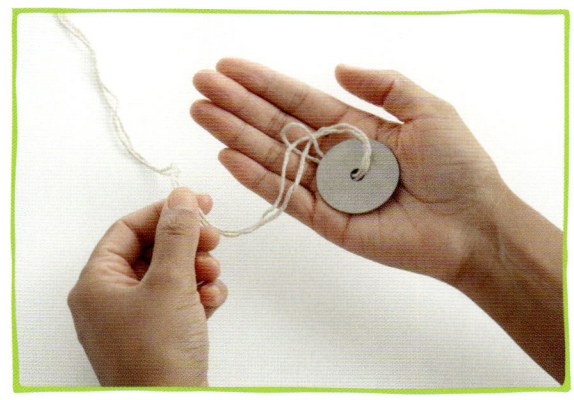

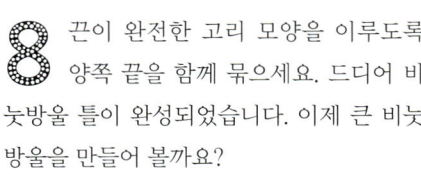

6 끈을 약 2m 길이로 자르세요. 위 사진을 참고하여 와셔(나사받이)를 끈의 중간 쯤에서 매듭을 지어 묶으세요. 와셔는 끈을 아래로 잡아당기는 역할을 합니다.

7 끈의 양쪽 끝을 빨대 고리 사이로 각각 넣으세요.

8 끈이 완전한 고리 모양을 이루도록 양쪽 끝을 함께 묶으세요. 드디어 비눗방울 틀이 완성되었습니다. 이제 큰 비눗방울을 만들어 볼까요?

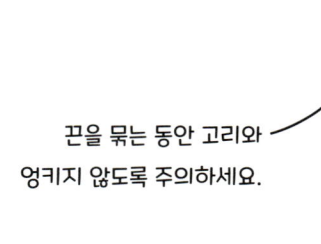

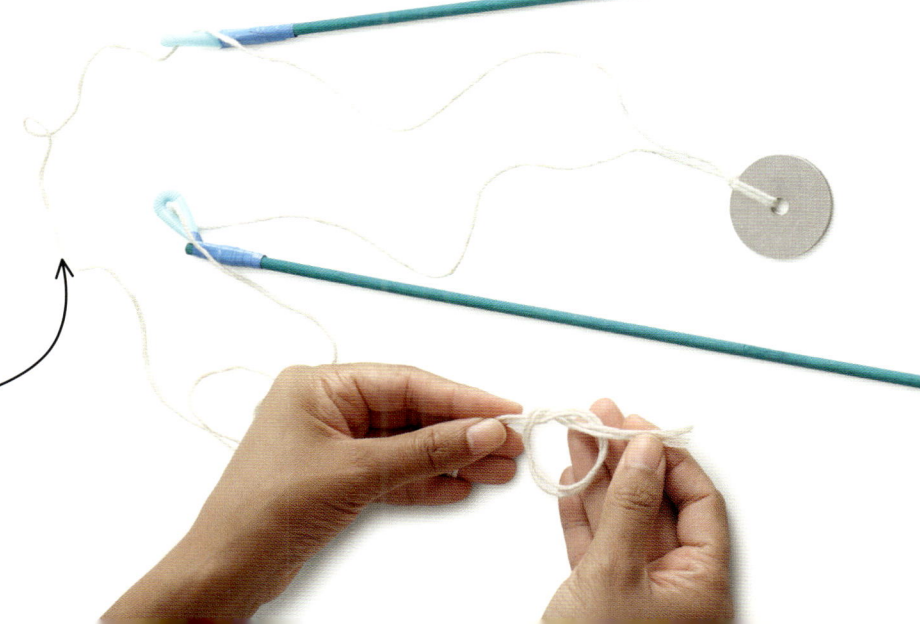

끈을 묶는 동안 고리와 엉키지 않도록 주의하세요.

끈으로 만든 고리 안에 비눗물 막이 생깁니다.

9 비눗방울 틀을 혼합물이 담긴 양동이에 넣고 빙글빙글 돌리세요. 막대를 천천히 들어 올려 끈을 꺼내세요. 막대가 벌어지지 않도록 주의하면서 끈이 잘 젖었는지 확인하세요.

10 비눗방울 틀을 완전히 꺼내 막대를 살살 벌리세요. 막대를 양쪽으로 벌릴 때 공기를 가둘 수 있도록 살짝 뒤로 물러나세요. 비눗물 막이 터질 수 있으니 몇 번 연습을 해야 합니다. 막대를 천천히 모아서 비눗방울을 완성해 보세요.

막대를 벌릴 때 비눗물 막도 늘어납니다.

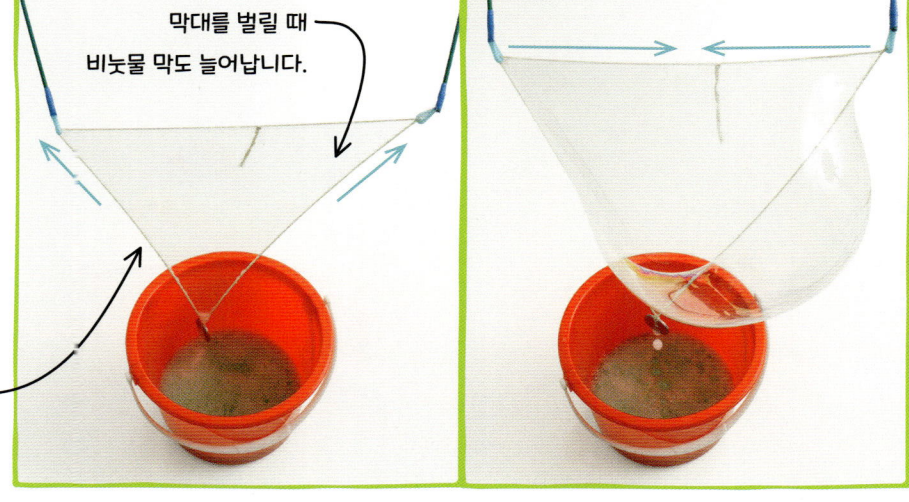

다양한 종류의 끈을 이용하거나 혼합물에 특별한 재료를 넣어 실험해 보세요.

한 걸음 더 나아가기

만들어진 비눗방울에 손을 넣어 보세요. 손이 건조하다면 비눗방울은 금방 터집니다. 건조한 손이 비눗물 막에 구멍을 만들면 비눗물 막을 이루는 물은 모든 방향으로 당겨지고, 결국 비눗방울은 터집니다. 반대로 젖은 손을 넣으면 비눗물 막의 물과 손의 물이 서로 달라붙습니다. 손을 빼더라도 손에 비눗물 막이 달라붙는 이유지요. 만약 비눗물이 손에 묻는 것이 싫다면 고무장갑을 끼세요.

원리 파헤치기

비눗방울은 풍선과 비슷합니다. 둘다 공기를 가지고 있지요. 다만 풍선이 늘어난 고무라면 비눗방울은 늘어난 비눗물 막입니다. 물 분자들은 서로 강하게 끌어당기기 때문에 막을 만드는 대신 물방울을 형성합니다. 따라서 물 스스로 거품을 만들지 못하지요. 하지만 세제나 비누를 넣으면 거품이나 비눗방울을 만들 수 있습니다. 비누 분자의 한쪽은 물 분자에서 멀리 떨어지려 하고 다른 한쪽은 물 분자 가까이에 붙으려 합니다. 결국 오른쪽 그림처럼 물 분자들은 얇은 샌드위치처럼 비누 분자들 사이에 갇히게 되지요.

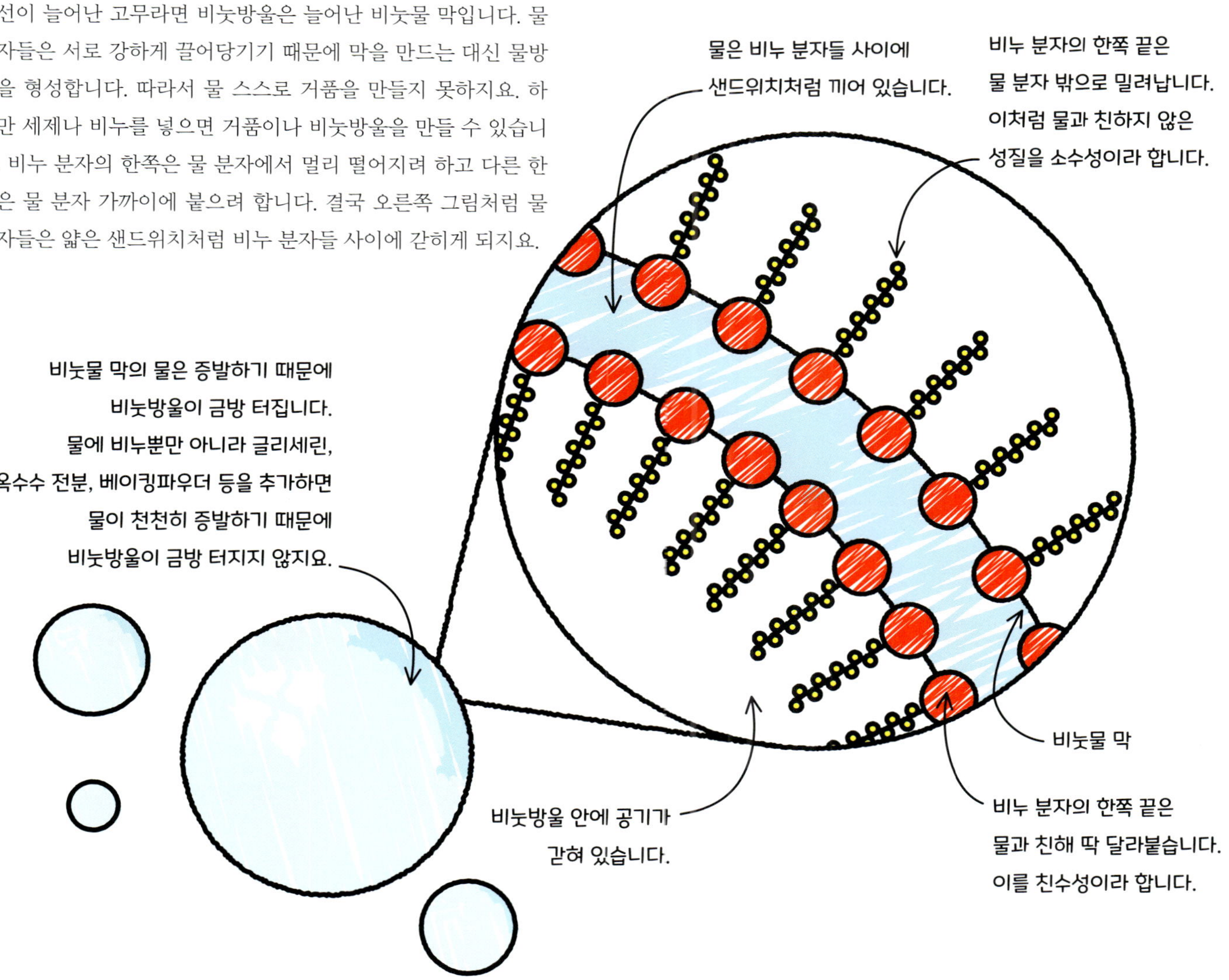

물은 비누 분자들 사이에 샌드위치처럼 끼어 있습니다.

비누 분자의 한쪽 끝은 물 분자 밖으로 밀려납니다. 이처럼 물과 친하지 않은 성질을 소수성이라 합니다.

비눗물 막의 물은 증발하기 때문에 비눗방울이 금방 터집니다. 물에 비누뿐만 아니라 글리세린, 옥수수 전분, 베이킹파우더 등을 추가하면 물이 천천히 증발하기 때문에 비눗방울이 금방 터지지 않지요.

비눗방울 안에 공기가 갇혀 있습니다.

비눗물 막

비누 분자의 한쪽 끝은 물과 친해 딱 달라붙습니다. 이를 친수성이라 합니다.

우리 주변의 과학
자연에서 볼 수 있는 거품들

거품 또는 비눗방울은 쉽게 볼 수 있습니다. 식물이나 동물이 만든 어떤 거품들은 물에 잘 녹고, 마치 비누처럼 작용합니다. 이 물질들은 물에 얇은 막을 만들고 그 안에 공기를 가둡니다. 떨어지는 폭포 아래에선 물이 튀면서 거품이 만들어집니다. 또 어떤 동물은 일부러 거품을 만들지요. 오른쪽 사진의 보라색 달팽이는 점액으로 거품을 만들고, 이 거품을 뗏목처럼 이용합니다. 거품으로 만든 뗏목을 타고 달팽이는 바다 건너 수백 킬로미터를 이동할 수 있습니다.

춤추는 소용돌이

물이 배수구나 변기를 따라 내려가거나 물을 거슬러 노를 저을 때, 우리는 깔때기 모양 또는 나선형 모양의 소용돌이를 볼 수 있습니다. 이런 흐름은 호수나 강, 바다에서도 볼 수 있습니다. 이는 파도와 조류가 물이 서로 반대 방향으로 흐르도록 하기 때문이지요. 페트병 2개와 물, 식용 색소, 강력테이프가 있다면 멋진 소용돌이 장치를 만들 수 있습니다.

공기는 소용돌이 한가운데를 통과하여 위쪽으로 빠져나갑니다.

소용돌이 치는 물

소용돌이 발생 장치는 페트병 2개를 서로 반대로 놓은 다음, 강력테이프로 연결하여 만듭니다. 페트병 하나는 물로, 다른 페트병은 공기로 가득 차 있습니다. 페트병을 연결한 다음, 물이 들어 있는 페트병이 위로 오도록 거꾸로 두세요. 페트병을 기울여 살살 흔들면 물이 회전하면서 소용돌이가 만들어집니다. 이 장치는 원하는 만큼 반복해서 사용할 수 있습니다. 그저 반대 방향으로 놓은 다음, 돌리면 언제든지 소용돌이를 만들 수 있지요!

물에 구심력이 작용하여, 물이 중심을 향해 안쪽으로 회전하도록 합니다.

물은 소용돌이의 중심에서 가장 빠르게 회전합니다.

82　3. 물의 힘

춤추는 소용돌이 만들기

소용돌이 장치는 마치 모래시계처럼 생겼습니다. 물론 모래 대신 물을 사용하지요. 만드는 방법은 매우 간단합니다. 페트병 2개와 색소가 섞인 물만 있으면 만들 수 있습니다. 이때 페트병을 연결하는 부분을 꼼꼼하게 연결해서 물이 새지 않도록 하세요.

시간: 15분　난이도: 보통

준비물

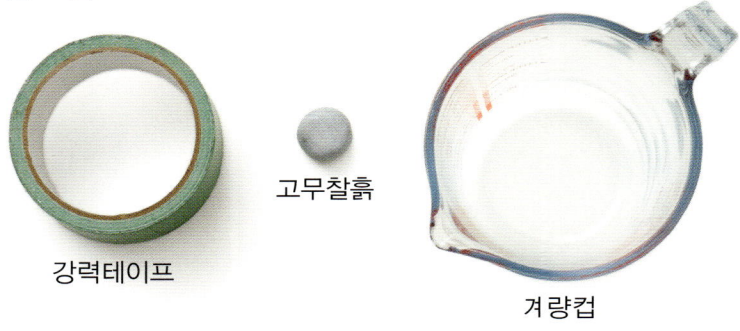

강력테이프　고무찰흙　계량컵

페트병 2개　식용 색소　가위

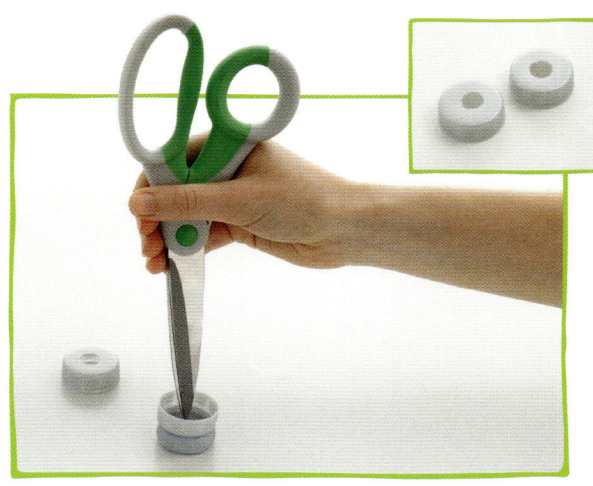

1 고무찰흙 위에 페트병 뚜껑을 올리고, 가위를 이용해 구멍을 뚫으세요. 구멍의 크기는 지름이 약 1cm 정도여야 합니다. 다른 뚜껑에도 구멍을 뚫으세요.

2 계량컵에 물과 식용 색소를 넣으세요. 페트병을 거의 가득 채워야 하므로 필요한 만큼 계량컵에 물을 채우세요.

춤추는 소용돌이

물을 채우지 않은 페트병은 공기로 가득 차 있습니다.

페트병에 거의 가득 차도록 물을 채우세요.

4 페트병의 뚜껑을 꽉 닫으세요. 이때 뚜껑 옆으로 물이 새지 않아야 합니다. 부모님의 도움을 받아 뚜껑을 닫아도 좋습니다.

3 페트병이 거의 가득 차도록 물을 부으세요. 이때 바닥에 흘리거나 젖을 수 있으니 야외 또는 개수대 위에서 부으세요. 다른 페트병은 빈 채로 둡니다.

5 공기가 담긴 페트병을 물이 담긴 페트병 위에 거꾸로 올리세요. 뚜껑의 구멍이 일렬이 되도록 합니다.

소용돌이는 투명한 물보다 식용 색소를 탄 물에서 더 잘 보입니다.

부모님의 도움을 받아 페트병을 연결하세요.

6 강력테이프로 페트병 뚜껑을 단단하게 고정하세요. 테이프를 잡아당겨 새는 곳이 없도록 감싸 완전히 고정하세요. 절대로 페트병 밖으로 물이 새면 안 됩니다.

84 3. 물의 힘

7 과정 6에서 만든 장치를 거꾸로 뒤집으세요. 페트병을 너무 세게 흔들지 않는다면 공기보다 물이 더 무겁더라도 물이 아래로 내려오지 않을 것입니다.

물은 아래 페트병에 든 공기를 누릅니다.

테이프로 단단하게 밀봉했다면 물은 새지 않을 것입니다. 하지만 만약을 대비하여 밖에서 실험하는 것도 좋습니다.

아래에 있는 페트병은 비어 있는 것처럼 보이지만 실제로는 안에 공기가 들어 있습니다. 이 공기는 물을 위쪽으로 밀어 올립니다.

장치를 평평한 곳에 두어도 물이 약간 샐 수 있습니다.

8 페트병을 잡고 빙빙 돌리세요. 페트병을 돌리면 물이 회전하면서 소용돌이를 만듭니다. 이때 물은 페트병 뚜껑을 통해 조금씩 아래로 흐릅니다.

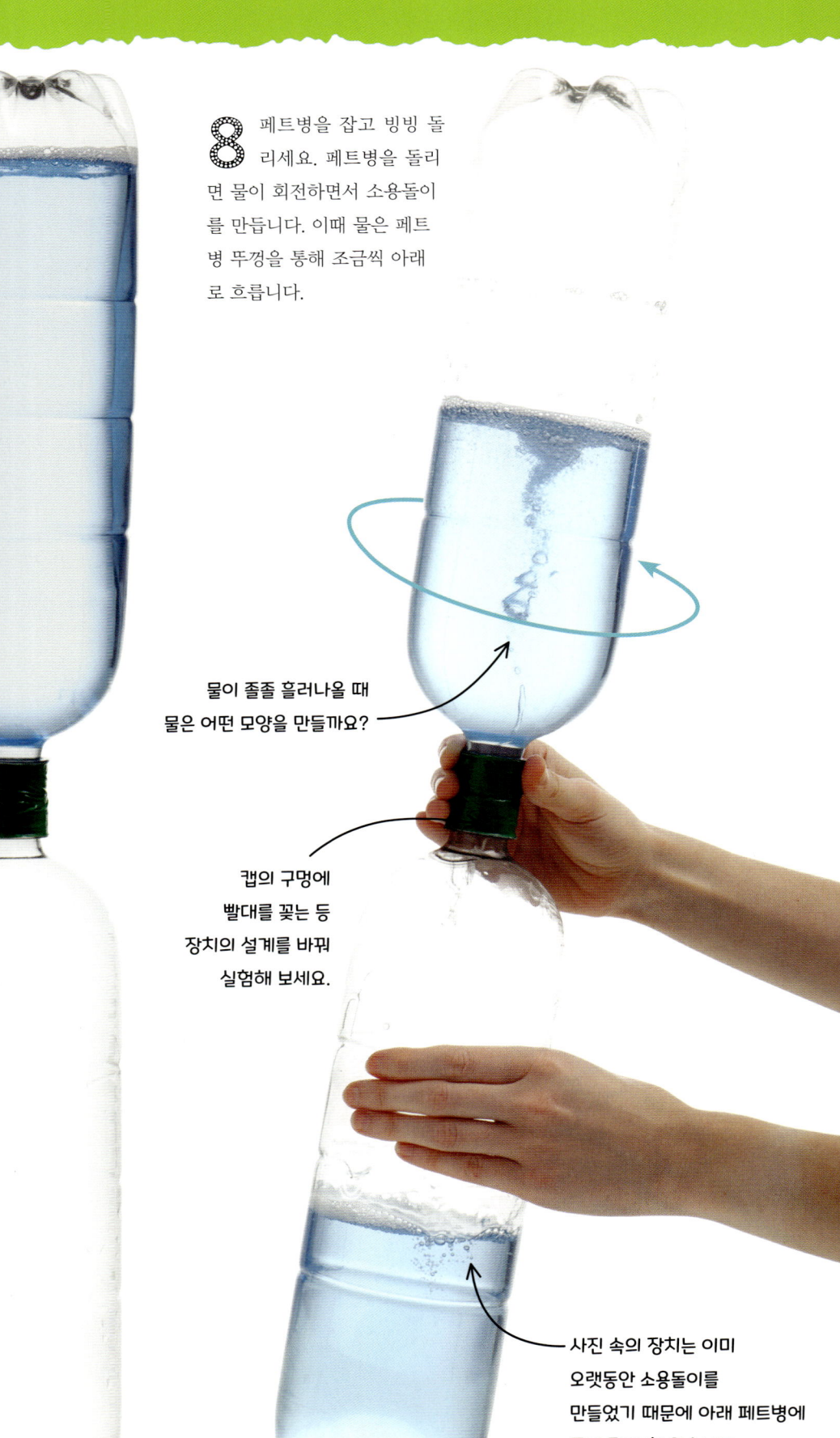

물이 졸졸 흘러나올 때 물은 어떤 모양을 만들까요?

캡의 구멍에 빨대를 꽂는 등 장치의 설계를 바꿔 실험해 보세요.

사진 속의 장치는 이미 오랫동안 소용돌이를 만들었기 때문에 아래 페트병에 물이 많이 차 있습니다.

원리 파헤치기

소용돌이 장치를 거꾸로 놓으면, 물이 공기보다 무겁더라도 아래로 흐르지 않습니다. 이는 아래에 있는 페트병 속의 공기가 사방으로 힘을 가하고 있기 때문입니다. 굴이 흘러내리지 않도록 물을 위로 밀고 있지요. 이 공기의 압력은 물이 흘러내리지 않도록 합니다. 그러나 병을 돌리면 공기가 위로 빠져나가는 길이 생기고, 물은 아래로 흘러 빈자리를 채웁니다.

물의 압력, 즉 수압은 페트병의 옆면을 누릅니다.

물이 움직이지 않을 때 아래 페트병 속의 공기는 물이 흘러내리지 않도록 강하게 밀어 올립니다.

페트병 속의 공기는 사방으로 힘을 가합니다. 이를 기압이라고 합니다.

공기는 페트병의 맨 윗부분을 채우기 위해 빠르게 움직입니다.

구심력은 물이 소용돌이를 만들면서 조금씩 아래쪽으로 흘러내릴 때, 물을 안쪽으로 빠르게 회전하도록 합니다.

페트병을 돌리면 페트병에 있던 물이 아래쪽으로 이동하기 시작합니다.

공기는 소용돌이의 중심을 관통해 위쪽으로 올라갑니다.

물이 아래에 있는 페트병으로 들어가면서 자리를 차지하므로 더 많은 공기가 위쪽으로 이동합니다.

우리 주변의 과학

토네이도

이번 실험에서 만든 페트병 소용돌이는 토네이도와 매우 비슷합니다. 이 위험하고 무시무시한 소용돌이는 천둥, 번개와 함께 비나 우박을 뿌리는 구름인 뇌운에 의해 점점 규모가 커져서 나무, 자동차, 집 등을 파괴하기도 합니다. 뇌운은 공기가 아래로 흐르도록 하는데, 이 흐름이 주변에서 공기를 빨아들이며 매우 빠르게 회전하는 공기 기둥을 만들게 됩니다. 토네이도는 바로 이때 만들어집니다.

↖ 물이 가득 찬 비닐백을 한 방울도 흘리지 않고 색연필로 찔러보세요.

물이란 무엇일까?

물은 분자라고 불리는 아주 작은 입자들로 이루어져 있습니다. 물 분자는 매우 작아서 물방울 하나에도 무려 수조 개의 분자가 들어있지요. 액체 상태일 때 물 분자는 아주 자유롭게 움직이기 때문에 물은 흐르는 성질을 갖습니다. 그러나 물 분자는 서로 달라붙는 성질도 가지고 있기 때문에 물을 쏟았을 때, 주르륵 흐르다가 물방울을 이루기도 합니다.

신기한 물

우리는 매일 물을 이용해 씻고, 요리하고, 마시고, 수영을 하고, 식물을 기릅니다. 물은 지구의 강과 호수, 바다를 채우고, 비가 되어 내리기도 합니다. 때문에 우리는 물에 아주 익숙하지요. 하지만 이번 실험처럼 물은 여전히 우리를 놀라게 할 멋진 비밀을 가지고 있답니다. 모두 준비되었나요? 물에 흠뻑젖을 수 있으니 야외나 화장실에서 실험을 해 봅시다.

소금물이 담긴 병을 만들어 밀도에 대해 알아보세요.

페트병에 꽂힌 핀들을 뽑으면 어떤 일이 벌어질까요?

새지 않는 지퍼백 만들기

이번에는 과학이지만 마술처럼 보이는 실험을 할 것입니다. 물로 가득 찬 지퍼백을 연필로 찔러도 물이 새지 않기 때문이지요! 물론 연필을 다시 빼면 물이 흘러나오니 반드시 야외나 화장실에서 실험하세요. 또 지퍼백 안에 물을 채울 때, 부모님께 지퍼백을 잡아 달라고 부탁하세요.

시간: 15분   난이도: 쉬움

준비물

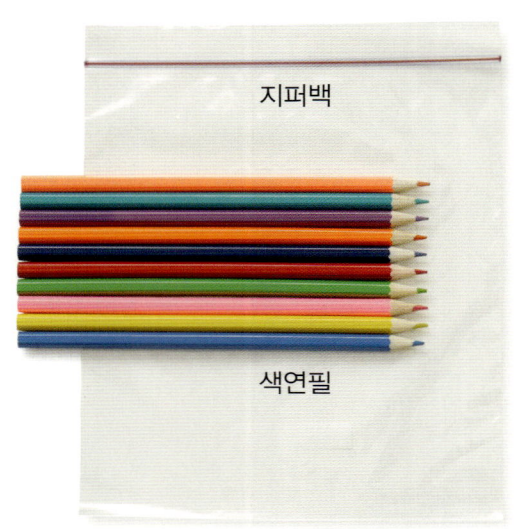

지퍼백
색연필

충분한 양의 물

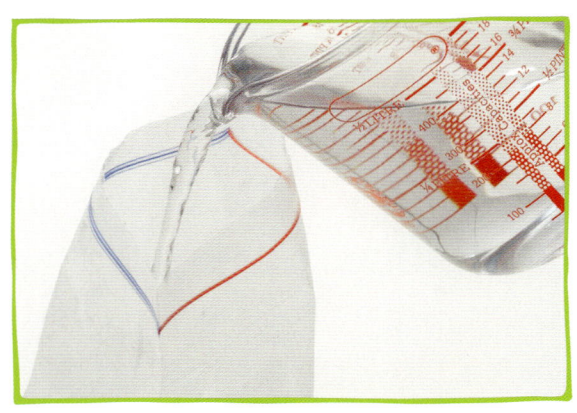

1 식탁이나 책상처럼 평평한 곳에 지퍼백을 두고 천천히 물을 채우세요. 지퍼백이 쓰러지지 않도록 잡아 줄 사람이 필요합니다.

2 물이 흐르거나 새지 않도록 지퍼백을 닫으세요.

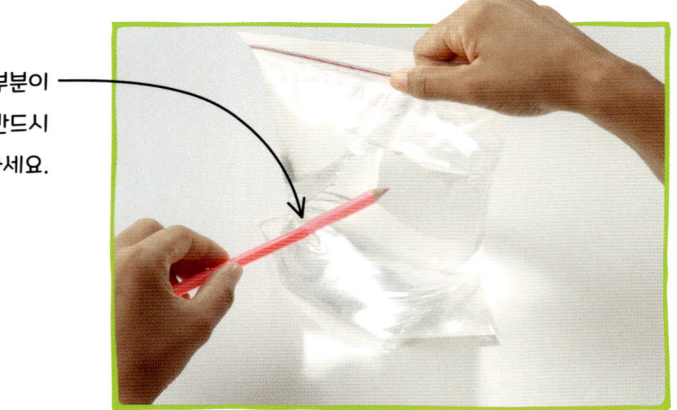

연필심 부분이 날카로운지 반드시 확인하세요.

3 한 손으로 지퍼백 윗부분을 잡고, 색연필의 날카로운 부분으로 단숨에 찌르세요.

신기한 물 89

> 물 분자들은 응집력을 가지는데, 이는 물 분자가 서로 끌어당긴다는 것을 의미하지요.

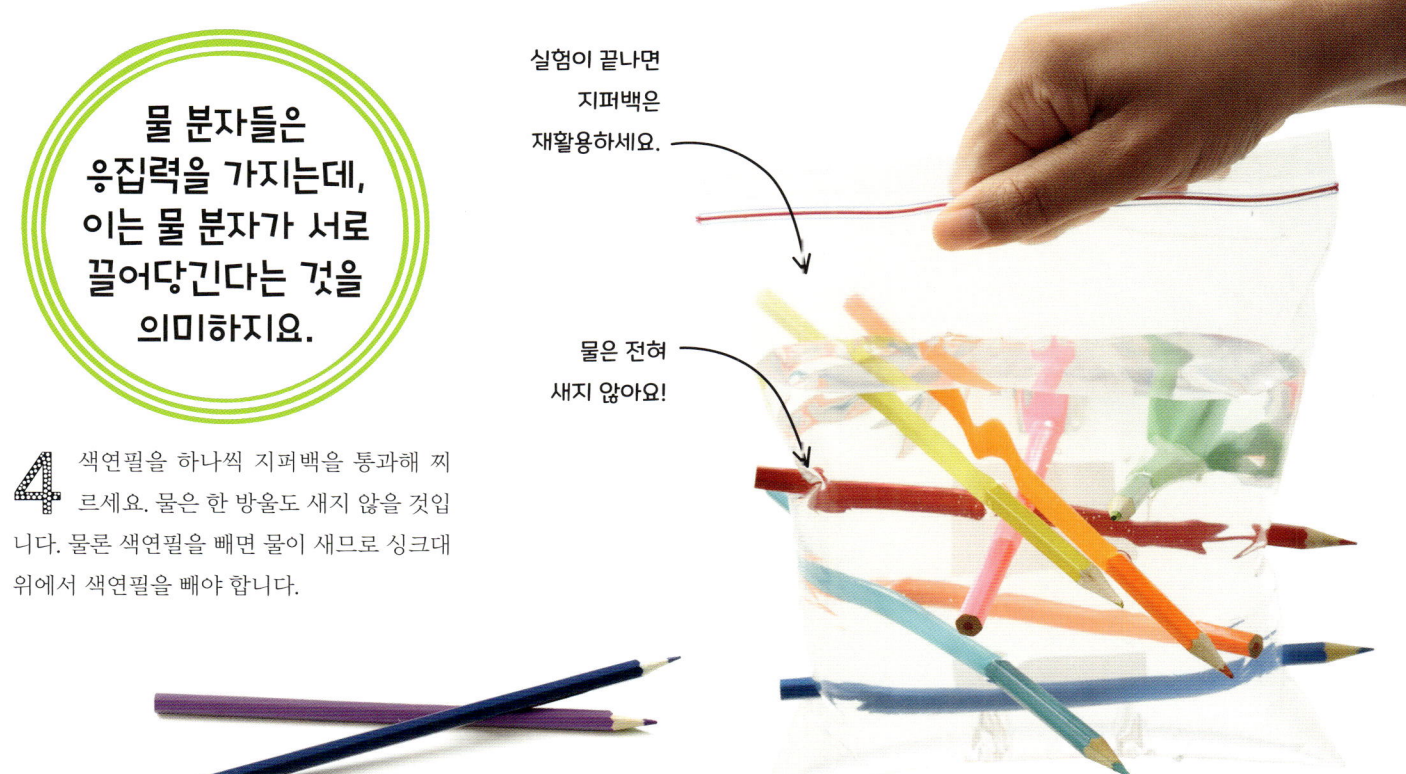

실험이 끝나면 지퍼백은 재활용하세요.

물은 전혀 새지 않아요!

4 색연필을 하나씩 지퍼백을 통과해 찌르세요. 물은 한 방울도 새지 않을 것입니다. 물론 색연필을 빼면 물이 새므로 싱크대 위에서 색연필을 빼야 합니다.

원리 파헤치기

지퍼백은 튼튼하고 유연한 폴리에틸렌으로 만듭니다. 연필이 지퍼백을 통과하면, 폴리에틸렌은 연필 주위를 단단하게 감쌉니다. 하지만 아주 작은 구멍은 남아 있습니다. 이 작은 구멍으로 물이 샌다고 생각하겠지만, 물 분자들은 서로 강하게 연결되어 있기 때문에 구멍으로 새어나가지 않습니다. 구멍 근처의 물 분자들의 응집력(Cohesive Force)은 매우 강합니다. 따라서 구멍이 충분히 작고, 물 분자의 응집력이 지퍼백 안에서 밖으로 물을 밀어내는 힘보다 강하다면 물은 새지 않을 것입니다. 만약 구멍을 더 크게 만들면 안에서 밀어내는 힘을 견디지 못하고 물은 새어나오지요.

우리 주변의 과학
물방울

물이 둥근 모양의 물방울을 만드는 것은 물 분자들이 서로 잡아당기기 때문입니다. 만약 중력처럼 강한 힘이 없거나, 중력이 작용하지 않는 국제 우주 정거장(ISS, International Space Station)과 같은 곳이라면 물방울은 완전한 구를 이루며 공기 중에 떠다닐 것입니다.

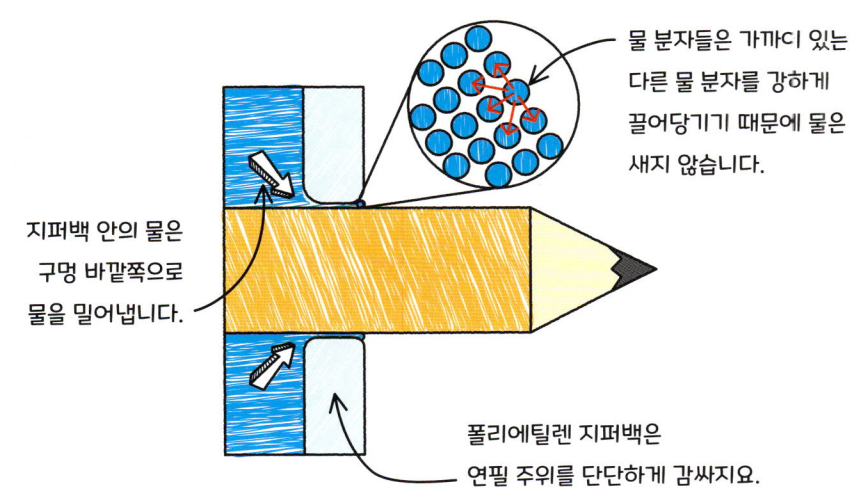

물 분자들은 가까이 있는 다른 물 분자를 강하게 끌어당기기 때문에 물은 새지 않습니다.

지퍼백 안의 물은 구멍 바깥쪽으로 물을 밀어냅니다.

폴리에틸렌 지퍼백은 연필 주위를 단단하게 감싸지요.

3. 물의 힘

소금물 병 만들기

시간: 15분   **난이도**: 쉬움

이번 실험에서 우리는 물에 더 이상 녹지 않을 때까지 소금을 넣어 진한 소금물을 만들 것입니다. 같은 양의 물에 소금을 넣으면 넣을수록 물의 농도는 점점 진해지고 밀도도 커지지요. 소금물과 깨끗한 물을 서로 다른 방법으로 섞으면 과연 어떻게 될지 생각하며 실험을 해 보세요.

준비물

- 물 2컵
- 용 색소(빨간색)
- 용 색소(파란색)
- 소금 1/2컵
- 숟가락
- 깨끗한 유리병 2개

1 물이 든 컵에 파란색 식용 색소를 섞고 완전히 섞일 때까지 숟가락으로 저으세요.

2 다른 컵에는 빨간색 식용 색소를 섞고 숟가락으로 저어 완전히 섞으세요.

더 이상 녹지 않을 때까지 소금을 계속 넣으세요.

3 빨간 물이 든 컵에 소금을 넣고 잘 녹도록 저으세요. 소금이 더 녹지 않을 때까지 물에 계속 넣으세요.

4 소금이 없는 파란 물을 유리병에 절반만큼 따르고, 다른 유리병에는 빨간 소금물을 절반만큼 따르세요.

신기한 물

5 과정 4에서 만든 파란 물병에 남은 빨간 소금물을 천천히 넣으세요. 이때 숟가락의 뒷면을 이용해 소금물을 조심스럽게 흘려 넣어 물이 마구 섞이지 않도록 합니다.

6 숟가락 뒷면을 이용해 컵에 남은 파란 물을 빨간 소금물 병에 따르세요.

7 유리병을 잠시 그대로 두세요. 한쪽 병은 파란색과 빨간색이 섞이고, 다른 병은 분리되어 있는 것을 볼 수 있습니다.

원리 파헤치기

빨간색 물에 소금을 계속 넣으면 농도가 진해집니다. 또 부피(물의 양)는 그대로지만 질량(소금의 양)이 높아지므로 빽빽한 정도, 즉 밀도도 커집니다. 반면 파란색 물은 색깔만 파란색일 뿐 순수한 물입니다. 밀도가 높은 빨간색 물을 파란색 물과 섞으면 빨간색 소금물이 가라앉아 두 색이 섞이게 되지요. 하지만 파란색 물을 빨간색 소금물에 부으면 섞이지 않습니다. 왜냐하면 밀도가 낮은 파란색 물이 밀도가 높은 빨간색 소금물 위에 떠 있기 때문입니다.

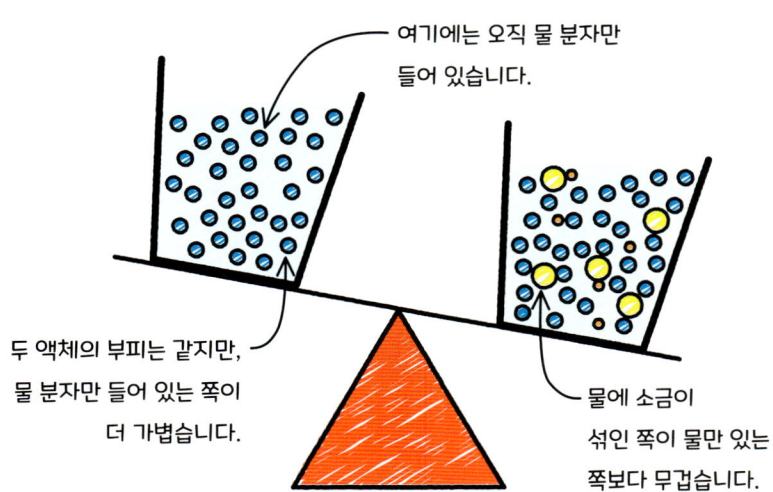

여기에는 오직 물 분자만 들어 있습니다.

두 액체의 부피는 같지만, 물 분자만 들어 있는 쪽이 더 가볍습니다.

물에 소금이 섞인 쪽이 물만 있는 쪽보다 무겁습니다.

우리 주변의 과학
수중 호수

사진 속의 잠수부는 소금이 아주 많이 들어 있는 호수에서 수영을 하고 있습니다. 그런데 이 호수는 무려 바닷물 속에 있지요! 실험에서 본 것처럼, 소금물은 순수한 물보다 무겁기 때문에 바닥에 가라앉습니다. 이때 소금물을 브라인(brine, 염수)이라고 하고, 소금물이 있는 호수를 브라인 풀(brine pool, 염수 연못)이라고 합니다.

핀 꽂힌 병 만들기

중력은 물체를 지구 중심으로 끌어당기는 힘입니다. 이번에는 물이 중력을 이기는 방법에 대해 알아볼 것입니다. 물로 가득 찬 페트병에 구멍을 내면 어떻게 될까요? 놀랍게도 뚜껑만 닫혀 있다면 물은 새어나오지 않습니다. 이 실험을 통해 수압과 기압에 대해 배우고 물이 새지 않는 이유를 찾아봅시다. 실험 후에 페트병은 반드시 재활용하세요.

시간: 15분

난이도: 쉬움

준비물

핀 여러 개

1 물이 든 페트병 밑부분을 조심스럽게 핀으로 찌르고 그대로 두세요.

핀이 만든 구멍을 핀이 막고 있기 때문에 물은 새지 않습니다.

2 더 많은 핀을 위 사진처럼 일직선으로 꽂으세요. 또 여러분이 원하는 곳에 핀을 꽂아 보세요. 페트병 밑부분에 핀을 꽂아도 됩니다.

물이 조금이라도 새는지 확인해 보세요!

3 이제 핀을 하나씩 뽑을 차례입니다. 준비되었나요? 핀을 뽑을 때 기울어지지 않도록 수직으로 뽑으세요. 작고 둥근 구멍이 생길 것입니다.

아마 물이 조금 샐 수도 있지만 아주 작은 공기 방울이 물이 샌 자리를 채울 것입니다.

4 모든 핀을 뽑은 후, 페트병을 관찰하세요. 구멍이 났음에도 불구하고 물은 거의 새지 않을 거예요.

신기한 물   93

공기의 압력, 즉 기압은 물이 뿜어져 나오는 것을 막지요.

5 이제 뚜껑을 열 차례입니다. 꼭 야외나 개수대에서 하세요. 페트병 뚜껑을 여는 순간 사방으로 물이 튀어 나와 엉망진창이 될 테니까요.

구멍을 옆으로 뚫지 않고 위로 뚫는다면 어떤 일이 생길까요?

물이 위에서 아래로 누르는 힘에 의해 구멍으로 물이 새어 나옵니다.

원리 파헤치기

페트병 밑부분, 즉 구멍 안쪽에 작용하는 힘은 두 가지입니다. 첫 번째는 기압으로 페트병 밖에서 안으로 공기가 미는 압력이고, 두 번째는 수압으로 페트병의 위쪽에 있는 물이 아래로 미는 압력입니다. 이 수압은 물을 아래로 밀어 구멍으로 물을 새어나오도록 하는 힘으로 작용합니다. 페트병 뚜껑을 열기 전에는 기압이 밖에서 공기를 구멍 쪽으로 밀어 물이 새지 않도록 하기에 충분합니다. 하지만 뚜껑을 열면 공기는 열린 입구를 통해 페트병 속으로 들어가고, 이 공기가 물을 눌러 구멍으로 물이 새도록 만듭니다.

페트병 뚜껑을 열기 전

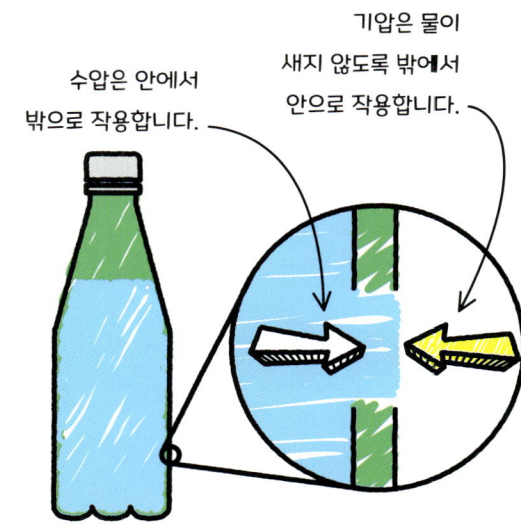

수압은 안에서 밖으로 작용합니다.

기압은 물이 새지 않도록 밖에서 안으로 작용합니다.

페트병 뚜껑을 연 후

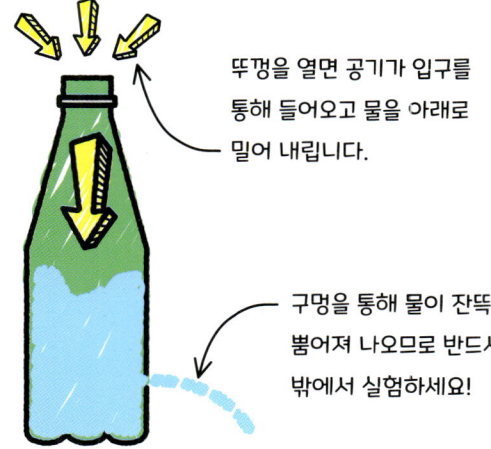

뚜껑을 열면 공기가 입구를 통해 들어오고 물을 아래로 밀어 내립니다.

구멍을 통해 물이 잔뜩 뿜어져 나오므로 반드시 밖에서 실험하세요!

아이스크림

아주 더운 여름 날, 달콤한 아이스크림은 생각만 해도 행복해지지요. 아이스크림을 직접 만들어 먹으면 어떨까요? 약간의 과학 지식과 함께 우유와 설탕, 크림과 같은 재료들을 흔들고 섞을 힘만 있다면 아이스크림을 만들 수 있답니다. 특별히 좋아하는 맛이 있다면 재료를 추가하세요. 초코칩이나 초코볼, 딸기나 귤 같은 다양한 과일, 장식용 스프링클 등을 넣어 나만의 아이스크림을 만드세요!

다양한 재료를 추가해 좋아하는 맛의 아이스크림을 만들어도 좋아요!

달콤한 간식

아이스크림은 우유와 크림의 혼합물로 영하의 온도에서 만들어집니다. 온도가 내려갈 때 우유와 크림 속의 수분이 얼면서 아주 작은 얼음 결정으로 바뀝니다. 이 얼음 결정이 아이스크림의 독특한 질감을 만드는 데 중요한 역할을 하지요.

장식용 스프링클이나 젤리 등을 넣어 씹는 재미를 느껴 보세요.

작은 딸기 조각을 넣어 먹기도 좋고 보기에도 좋은 아이스크림을 만들어 볼까요?

아이스크림 만들기

군침이 도는 이번 실험은 복잡하지는 않지만 주변이 지저분해질 수 있습니다. 꼭 부엌이나 야외에서 실험을 하도록 하세요. 또 재료를 만지기 전에 손을 깨끗이 씻어야 합니다. 지퍼백은 흔들기 전에 단단하게 밀봉되어 있는지 전부 확인하고, 아이스크림 혼합물이나 소금이 든 얼음도 새지 않도록 하세요.

시간: 40분   **난이도**: 보통

준비물

- 마른 수건
- 바닐라 에센스 약간
- 설탕 50g
- 생크림 180ml
- 우유 180ml
- 소금 150g
- 얼음 적당량
- 큰 지퍼백 1개
- 작은 지퍼백 2개
- 비닐봉지

1 작은 지퍼백을 열어 생크림을 담으세요. 크림은 작은 방울 형태의 지방과 물로 구성되어 있습니다.

2 과정 1의 지퍼백에 우유를 부으세요. 생크림처럼 우유도 대부분 물로 이루어져 있지만 우유는 지방 성분이 적게 들어 있습니다.

3 아이스크림을 더 달콤하게 만들기 위해 설탕을 넣을 차례입니다. 이때 설탕은 아이스크림 혼합물에서 생성되는 얼음 결정이 지나치게 커지는 것을 막는 역할을 합니다.

아이스크림   97

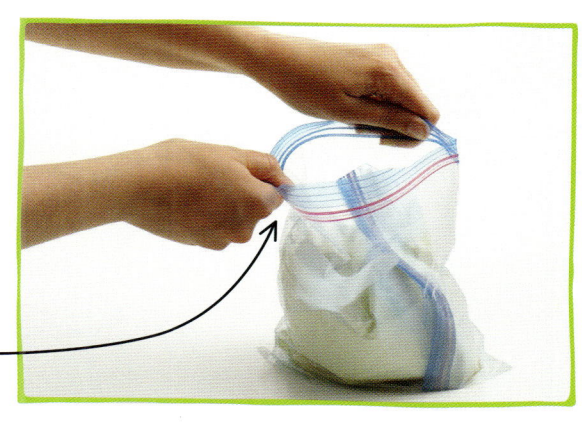

지퍼백 일부를 먼저 닫은 다음, 열린 부분을 통해 공기를 빼내세요.

두 개의 지퍼백을 완전히 밀봉하세요. 필요하다면 테이프로 붙이세요.

4. 바닐라 에센스를 지퍼백에 넣은 다음, 지퍼백 속의 공기를 빼내고 밀봉하세요.

5. 또 다른 작은 지퍼백에 과정 4에서 만든 지퍼백을 넣으세요. 이렇게 해야 재료가 다음 과정에 사용할 얼음이나 소금과 섞이지 않습니다.

얼음을 조심히 부으세요.

6. 큰 지퍼백에 얼음을 채우고, 과정 5에서 만든 지퍼백을 넣으세요. 얼음은 우유와 생크림이 가지고 있는 열을 빼앗기 시작합니다. 하지만 이 정도로는 아이스크림을 만들기에 부족합니다.

7. 아이스크림 혼합물이 담긴 큰 지퍼백에 소금을 넣고 밀봉하세요. 소금은 얼음을 도와 우유와 생크림의 열을 더 많이 빼앗아 옵니다. 실제로 얼음의 온도가 무려 영하 21℃까지 내려갈 수 있으니 직접 만지지 않도록 조심하세요.

얼음 위로 소금을 가볍게 뿌리세요.

98   3. 물의 힘

8 마른 수건을 이용해 과정 7까지 만든 지퍼백을 감싸세요. 손이 차가운 지퍼백에 닿는 것을 막아 주고 혼합물을 옮기기 쉽게 해 줍니다.

안쪽에서 얼음과 소금은 혼합물의 열을 빼앗습니다.

두꺼운 비닐봉지가 좋습니다.

9 수건으로 감싼 혼합물을 비닐봉지에 넣고 수건이 풀리지 않도록 단단히 감싸세요.

10 비닐봉지를 매듭지은 다음, 약 15분 동안 흔들고 문지르고, 돌리고, 던지세요. 혼합물이 더 차가워질 때까지 계속 흔드세요. 만일 움직임을 멈추면 얼음 결정이 너무 커져서 부드러운 아이스크림을 만들 수 없습니다.

11 손을 씻은 후, 비닐봉지와 수건을 벗기세요. 얼음물이 흐르지 않도록 주의하면서 큰 지퍼백을 열어 작은 지퍼백을 꺼내세요. 이제 지퍼백을 열면 홈메이드 아이스크림이 완성!

아이스크림은 고체, 액체, 기체의 혼합물이지요.

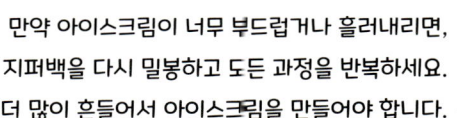

만약 아이스크림이 너무 부드럽거나 흘러내리면, 지퍼백을 다시 밀봉하고 모든 과정을 반복하세요. 더 많이 흔들어서 아이스크림을 만들어야 합니다.

한 걸음 더 나아가기

실험을 통해 만든 아이스크림은 친구들과 나누어 먹기에 충분할 거예요. 만일 더 많이 만들고 싶다면 재료의 양을 늘리고, 더 큰 지퍼백을 사용하세요. 아이스크림에 과일 조각이나 초코칩, 초코볼 등과 같은 재료를 넣으면 더 맛있는 아이스크림을 만들 수 있습니다. 혼합물이 얼기 전에 원하는 재료를 넣어 여러 가지 맛을 만드세요. 만든 아이스크림을 접시에 담거나 아이스크림 콘 또는 와플 등에 올려 즐기세요!

원리 파헤치기

물질의 상태는 크게 고체, 액체, 기체 세 가지로 나눌 수 있습니다. 아이스크림의 경우 비록 영하의 온도에서 얼지만, 고체는 아닙니다. 아이스크림은 콜로이드(Colloid)라 불리는 특별한 물질입니다. 콜로이드는 여러 가지의 작은 물질들이 함께 섞여 있는 혼합물입니다. 따라서 아이스크림은 얼음 결정(고체), 지방(액체), 작은 기포(기체)로 만들어진 콜로이드입니다. 아이스크림이 어는 동안 혼합물을 흔드는 것은 얼음 결정이 지나치게 커지는 것을 막아 좀더 부드러운 아이스크림을 만들기 위함이지요.

흔들어 만드는 아이스크림

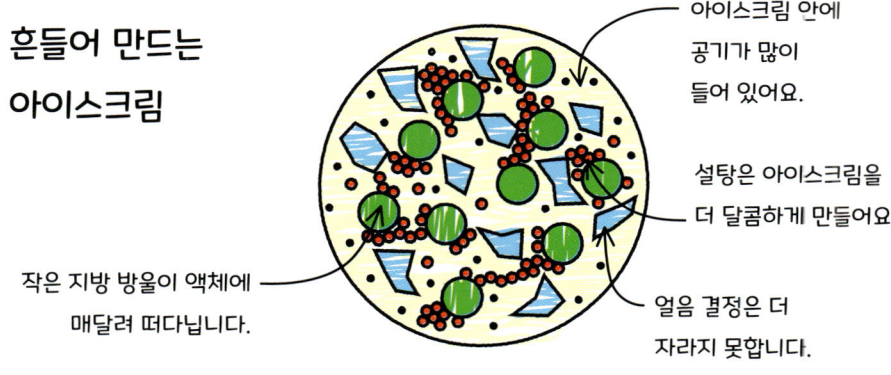

흔들지 않고 만드는 아이스크림

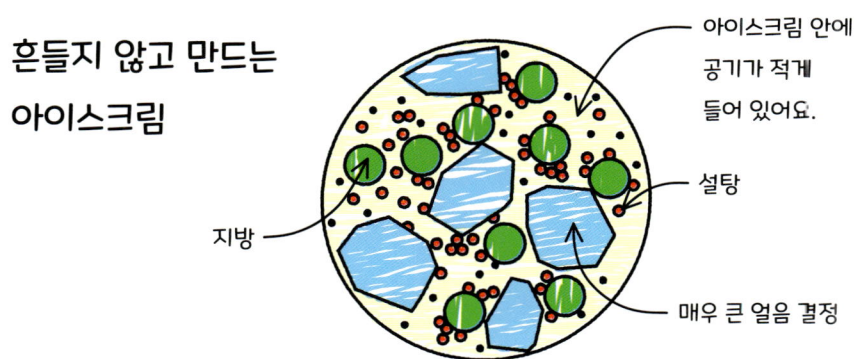

우리 주변의 과학
콜로이드

우리가 매일 사용하는 물질들은 종류가 서로 다른 콜로이드입니다. 거품을 만드는 휘핑 크림은 폼이라고 불리는 콜로이드의 한 종류로 액체에 들어 있는 아주 작은 기포들의 혼합물입니다. 마요네즈는 오일 혼합물로 에멀전이라고 불립니다. 안개는 작은 물방울들이 공기 중에 떠 있는 것인데, 이 역시 에어로졸이라고 불리는 콜로이드의 한 종류랍니다.

알록달록 조약돌

반짝이는 매니큐어를 넣은 물에 조약돌을 넣어 보세요. 대리석 무늬처럼 소용돌이치는 패턴을 만들 수 있습니다. 이 조약돌을 특별한 선물이나 예쁜 장식품으로 사용하세요. 이는 매니큐어가 물과 섞이지 않기 때문에 가능한 일이지요. 물 표면에 예쁜 색깔의 막이 둥둥 떠다닐 때 조약돌을 담그면 나만의 조약돌을 만들 수 있습니다.

매니큐어를 넣은 물에 돌을 담그면 밝고 예쁜 무늬가 만들어집니다.

화려한 색소들

손톱을 예쁘게 만들어 주는 매니큐어를 현탁액이라고 부릅니다. 이는 아주 작은 방울이나 고체 입자가 섞여 있기 때문에 쉽게 안정화되지 않습니다. 섞여 있는 입자들은 매우 작은 색소 알갱이, 즉 매니큐어의 예쁜 색을 만드는 혼합물입니다.

알록달록 조약돌 만들기

매니큐어는 대부분 냄새가 좋지 않기 때문에 너무 깊이 들이마시면 몸에 해롭습니다. 때문에 이 실험은 밖이나 환기가 잘 되는 방에서 해야 합니다. 또 매니큐어를 넘어뜨릴 수 있으니 책상에 종이를 깔고 하세요. 만일 쏟았다면 부모님과 함께 정리하세요.

1 시작하기 전에 조약돌 한쪽에 고무찰흙을 붙이세요. 이는 손잡이 역할을 해 매니큐어가 손에 묻지 않도록 해 줍니다.

시간: 20분   난이도: 보통

준비물

피부를 보호하기 위해 장갑을 끼세요.

2 서로 다른 색깔의 매니큐어를 물에 조금씩 넣으세요. 그릇 가운데에 매니큐어를 떨어뜨리는 것이 좋습니다. 젤로 된 매니큐어는 이번 실험에 적합하지 않습니다.

물 한 그릇 / 고무찰흙 / 이쑤시개 / 여러 색깔의 매니큐어 / 조약돌

이쑤시개를 다 사용했으면 버리세요.

3 이쑤시개의 끝을 부드럽게 돌리면서 매니큐어 색을 섞어 무늬를 만드세요. 매니큐어가 빨리 마르니 재빠르게 해야 합니다.

알록달록 조약돌

4 고무찰흙 손잡이를 잡고 매니큐어 막이 넓게 펼쳐진 곳에 조약돌을 살짝 담그세요.

5 약 1~2초 후에 조약돌을 꺼낸 다음, 물이 똑똑 떨어지도록 잠시 들고 있으세요.

매니큐어 막이 조약돌에 달라붙고 물은 깨끗해집니다.

6 조약돌을 거꾸로 뒤집어서 말리세요. 다른 조약돌들도 같은 방법으로 시도해 보세요!

원리 파헤치기

매니큐어는 물보다 밀도가 작기 때문에 계속 물 위에 떠 있습니다. 또 물에 녹거나 섞이지 않습니다. 이렇게 두 가지 물질은 서로 섞이지 않습니다. 매니큐어는 크게 색을 결정하는 색소, 보호막을 만드는 막 형성 분자, 모든 재료를 녹이는 솔벤트(Solvent) 세 가지로 이루어져 있습니다. 특히 솔벤트는 공기 중으로 빠르게 증발하기 때문에 손톱이 빨리 마르게 하고 특유의 냄새가 납니다.

조약돌의 단면

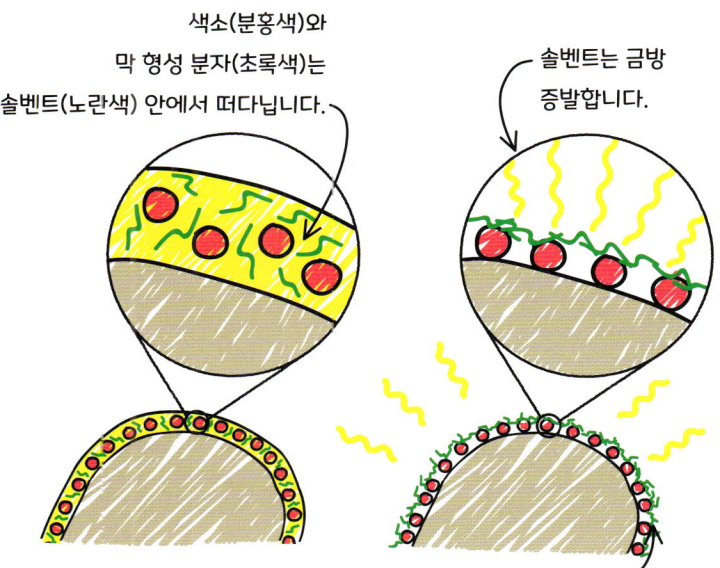

색소(분홍색)와 막 형성 분자(초록색)는 솔벤트(노란색) 안에서 떠다닙니다.

솔벤트는 금방 증발합니다.

막 형성 분자들은 서로 결합되어 있습니다.

우리 주변의 과학
기름 유출

휘발유와 플라스틱의 재료가 되는 원유는 물과 섞이지 않습니다. 원유를 옮기는 큰 배에서 기름이 조금이라도 흘러나오면, 이 기름은 바다 위를 둥둥 떠다니게 됩니다. 수면 위의 기름은 바닷새의 깃털에 달라붙어 날지 못하게 하고, 바다거북이나 고래 등이 기름을 삼켜 병들게 하거나 심하면 생명에 지장을 주기도 합니다.

지구 과학

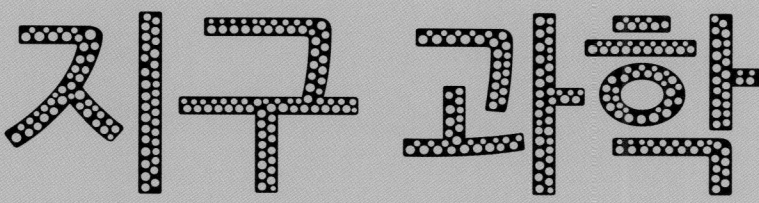

좁게는 집 밖이나 동네에서부터 넓게는 산과 바다, 하늘, 우주까지 우리를 둘러싼 자연 환경에는 놀라운 비밀이 펼쳐져 있습니다. 아직 우리가 잘 모를 뿐이지요. 이번 실험에서는 헬리콥터와 연, 로켓, 태양을 이용한 해시계와 자기 나침반, 수백만 년에 걸쳐 만들어지는 지오드(정동석) 등을 만들며 하늘과 땅에 숨은 과학 원리를 배울 것입니다.

빙빙 도는 날개

헬리콥터의 날개는 공기를 가로질러 위로 들어 올리는 힘, 즉 양력을 만드는 비행기 날개와 비슷합니다. 위로 올라가는 힘을 만들기 위해서 비행기는 앞으로 천천히 조금씩 이동해야 하지요. 하지만 비행기와 달리 헬리콥터의 날개는 매우 빠르게 회전해 앞으로 움직이지 않고도 그 자리에서 바로 공중으로 뜰 수 있습니다.

날개는 살짝 꼬여 있기 때문에 회전할 때 공기와 비스듬하게 부딪힙니다

날개가 공기를 가르며 움직일 때, 날개는 공기를 아래로 밉니다.

종이 헬리콥터

헬리콥터는 훌륭한 이동 수단입니다. 비행기처럼 활주로가 필요하지 않고 한 지점에서 뜨고 내릴 수 있습니다. 또 어떤 방향으로든 방향을 바꿀 수 있고 복잡한 비행도 해낼 수 있지요. 이번 실험에서는 종이와 빨대만 이용해 헬리콥터를 만들 것입니다. 이 간단한 장난감을 통해 헬리콥터 날개에 생기는 힘을 관찰할 수 있습니다.

종이 헬리콥터 만들기

종이와 빨대로 헬리콥터를 만드세요. 완성한 헬리콥터를 여러 번 날려 잘 나는지 시험해 보세요. 날개 끝을 조금 더 자르거나, 길이가 약간 더 긴 빨대를 사용하는 등 조정 과정이 필요합니다. 또 종이의 무게에 따라 헬리콥터가 날아가는 모습이 어떻게 다른지 관찰해 보세요.

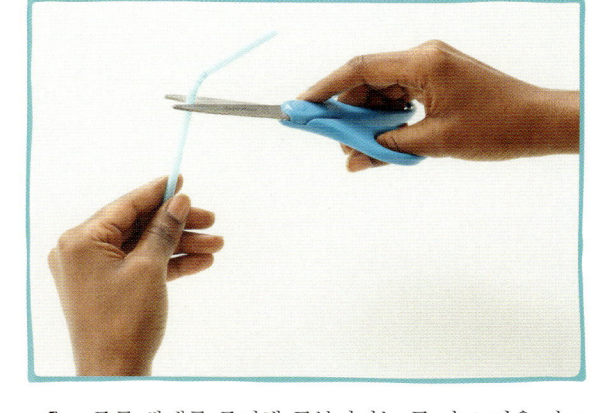

1 주름 빨대를 준비해 구부러지는 곳 바로 밑을 자르세요. 헬리콥터가 안정적으로 날기 위해서는 곧은 빨대가 필요합니다.

시간: 20분 **난이도**: 보통

준비물

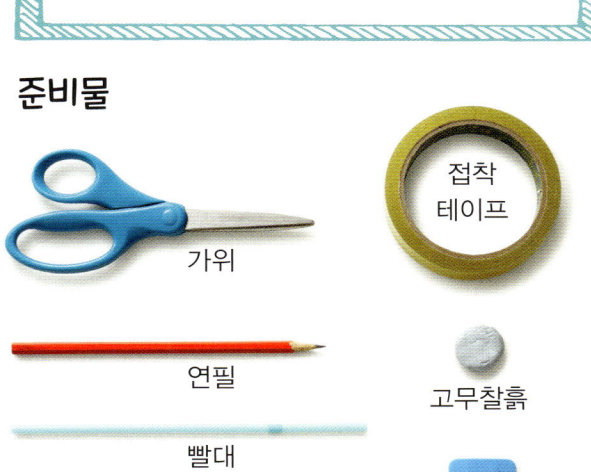

가위, 접착 테이프, 연필, 고무찰흙, 빨대

색 도화지, 자

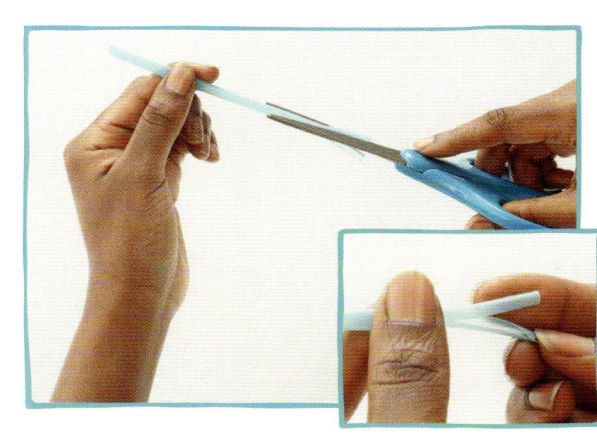

2 가위로 빨대의 끝부분을 위 사진처럼 약 1cm만큼 자르세요. 잘린 두 부분은 헬리콥터 날개를 고정시키는 부분입니다.

책 뒤에 있는 견본을 종이에 베껴도 좋아요.

3 이제 날개를 만들 차례입니다. 부록에 실린 견본을 사용하거나 너비 2cm, 길이 14cm의 직사각형을 그리세요.

108　4. 지구 과학

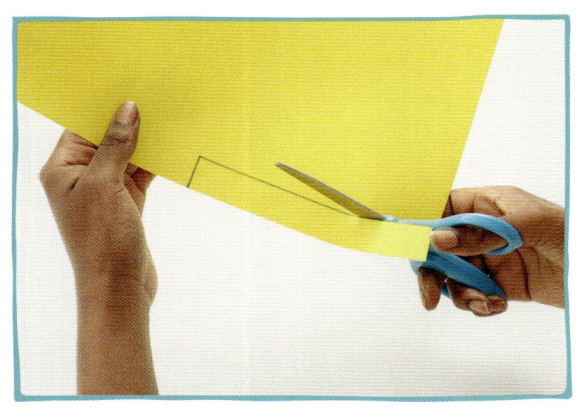

4 과정 3에서 그린 직사각형을 오리세요. 이때 종이가 구겨지지 않도록 주의하세요.

길이 7cm, 너비 1cm 되는 곳이 한가운데입니다.

5 자른 직사각형의 한가운데에 연필로 표시하세요.

6 날개 아래에 고무찰흙을 놓고 연필심을 이용해 과정 5에서 표시한 곳에 구멍을 내세요.

날개의 날이 구부러지지 않도록 주의하세요.

7 구멍 사이로 빨대를 넣으세요. 구멍이 너무 작으면 연필로 살짝 넓히세요.

8 과정 2에서 자른 빨대의 양 끝부분을 반대 방향으로 접어 날개에 고정시키세요. 날개가 구부러지지 않도록 유지하세요.

접착테이프를 작게 잘라 빨대를 고정하세요.

양쪽이 서로 반대 방향으로 구부러져야 합니다.

9 이제 날개를 구부릴 차례입니다. 이 과정을 거쳐야 헬리콥터가 날 수 있지요. 날개를 부드럽게 시계 방향으로 비트세요.

종이 헬리콥터 109

10 헬리콥터가 완성되었어요! 손바닥 사이로 빨대를 잡고 오른쪽 손바닥을 앞으로 밀어 헬리콥터를 날리세요.

날개의 길이와 너비를 다르게 해보세요. 헬리콥터는 어떻게 날까요?

만약 왼쪽 손바닥을 먼저 민다면 어떻게 날까요?

> 헬리콥터의 날개는 공기를 아래로 밀어 위로 올라가는 힘을 만들어요.

원리 파헤치기

헬리콥터의 날개가 회전할 때, 날개의 각진 부분은 주변 공기를 아래로 밉니다. 때문에 날개 아래에는 높은 압력이 생기고, 반대로 위에는 낮은 압력이 생기게 되지요. 더 높은 압력, 즉 기압은 날개를 위로 밉니다. 이를 양력(Lift)이라고 부릅니다. 날개의 길이와 너비, 빨대의 길이, 날개가 굽은 정도는 헬리콥터의 비행에 영향을 끼칩니다. 여러 종류의 헬리콥터를 만들어서 어떤 조합으로 만든 헬리콥터가 가장 잘 날 수 있나 찾아보세요.

우리 주변의 과학

무인비행기(드론)

파일럿이 없는 비행기, 즉 무인비행기(UAVs 또는 드론)는 헬리콥터와 비슷한 날개를 가지고 있습니다. 전기 모터는 날개를 계속 회전시켜 양력을 만듭니다. 날개가 빨리 돌면 돌수록 더 큰 양력이 생기지요. 무인비행기는 날개의 회전 속도를 달리 하여 방향을 바꿉니다. 예를 들어 한쪽에 있는 날개가 반대쪽에 있는 날개보다 더 빨리 돌 때 방향을 바꿀 수 있지요.

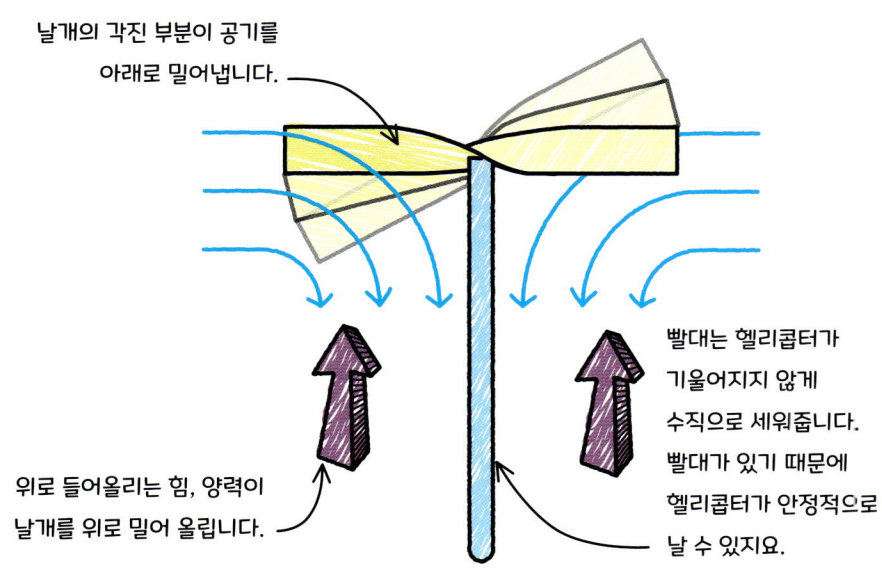

날개의 각진 부분이 공기를 아래로 밀어냅니다.

위로 들어올리는 힘, 양력이 날개를 위로 밀어 올립니다.

빨대는 헬리콥터가 기울어지지 않게 수직으로 세워줍니다. 빨대가 있기 때문에 헬리콥터가 안정적으로 날 수 있지요.

바람과 맞닿는 부분은
연의 넓은 면 부분입니다.

모든 연은 연과
연결된 줄이 있습니다.
위치에 따라 머릿줄,
꽁숫줄이라고 불리지요.
삼각형 모양이며
연의 면이 올바른 각도로
날 수 있도록 해 줍니다.

연줄을 꽉 잡아야 멀리
날아가는 것을 막을 수 있어요.

연 날리기

바람이 불 때 연을 날리면 바람의 방향과 세기에 따라 이리저리 춤추듯 움직입니다. 이때 우리는 바람의 힘을 느낄 수 있지요. 바람은 연이 더 높이 날도록 합니다. 이번 실험에서는 집에서 구할 수 있는 재료들로 연을 만들 것입니다. 여러 가지 재료를 이용해 연의 면이나 살을 만들거나 아주 큰 연 또는 줄이 아주 긴 연을 만들어 보세요. 색이나 무늬가 예쁜 비닐봉지로 나만의 연을 만들 수도 있습니다. 다 만들면 밖에서 연을 하늘 높이 날려 보세요.

연 날리러 가요!

연 날리기를 하려면 인내심이 있어야 합니다. 하지만 열심히 연습하면 멋지게 연을 날릴 수 있어요. 연을 날리기 가장 좋은 장소는 해변입니다. 해변은 항상 바람이 불기 때문이지요. 비가 아주 많이 내리거나 바람이 아주 강할 때에는 전선 근처나 공항에서 절대 연을 날리면 안 되니 주의하세요!

바람에 펄럭이는 연의 꼬리예요.

연 만들기

바람을 타고 하늘을 나는 연을 만들기 위해서는 가볍고, 납작하며 유연한 재료를 사용해야 합니다. 이번 실험에서는 비닐봉지로 연을 만들 것입니다. 또 단단하지만 유연한 막대와 하늘에 높이 올릴 수 있을 만큼 긴 끈도 필요하지요.

시간: 45분   **난이도**: 어려움

준비물

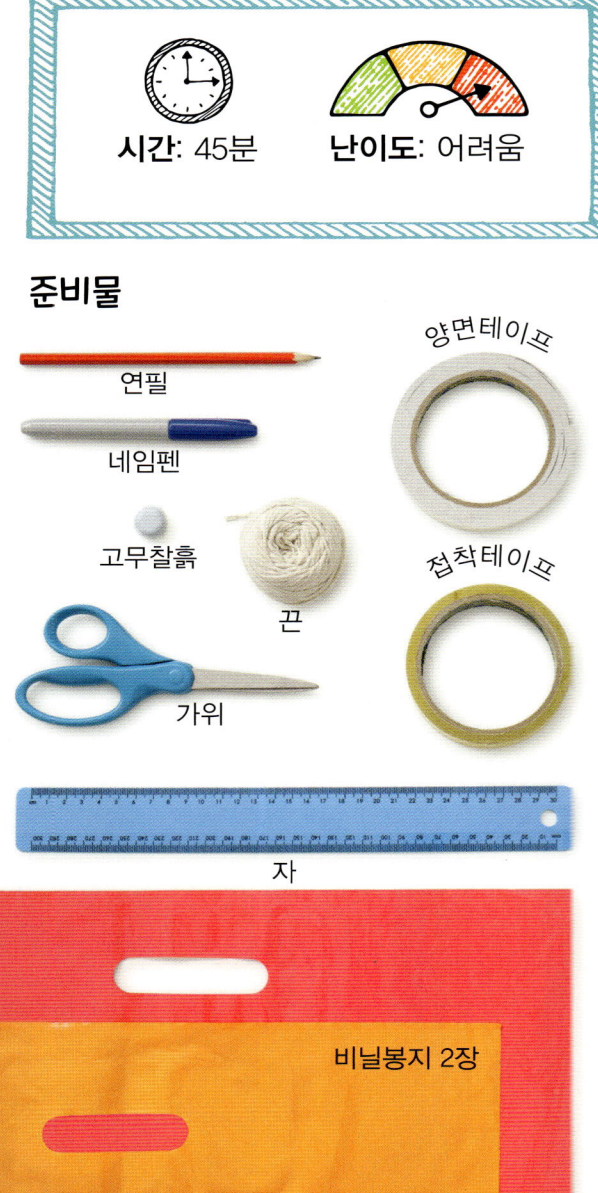

연필, 네임펜, 고무찰흙, 끈, 가위, 양면테이프, 접착테이프, 자, 정원용 막대 2개, 비닐봉지 2장

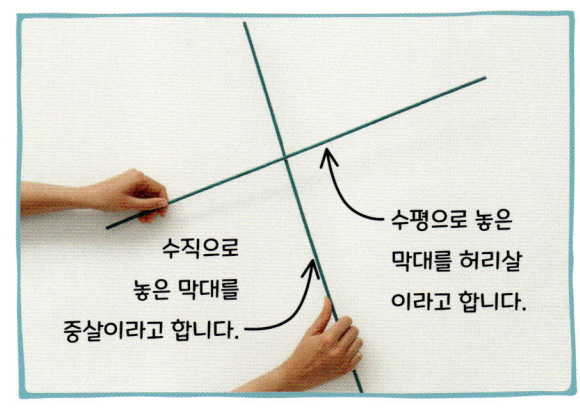

1. 두 개의 막대를 서로 수직이 되도록 놓으세요. 이때 수평으로 놓은 막대(허리살)를 수직으로 놓은 막대(중살)의 가운데에서 살짝 위로 오도록 합니다.

수직으로 놓은 막대를 중살이라고 합니다.
수평으로 놓은 막대를 허리살이라고 합니다.

2. 두 막대를 묶기 위해 끈을 약 40cm 정도 자르세요.

3. 막대가 교차된 부분을 끈으로 여러 번 둘러 묶습니다. 아래 사진을 참고하세요. 과정 1에서 수평으로 놓은 허리살이 수직으로 놓은 중살의 중간보다 살짝 위에 있어야 합니다.

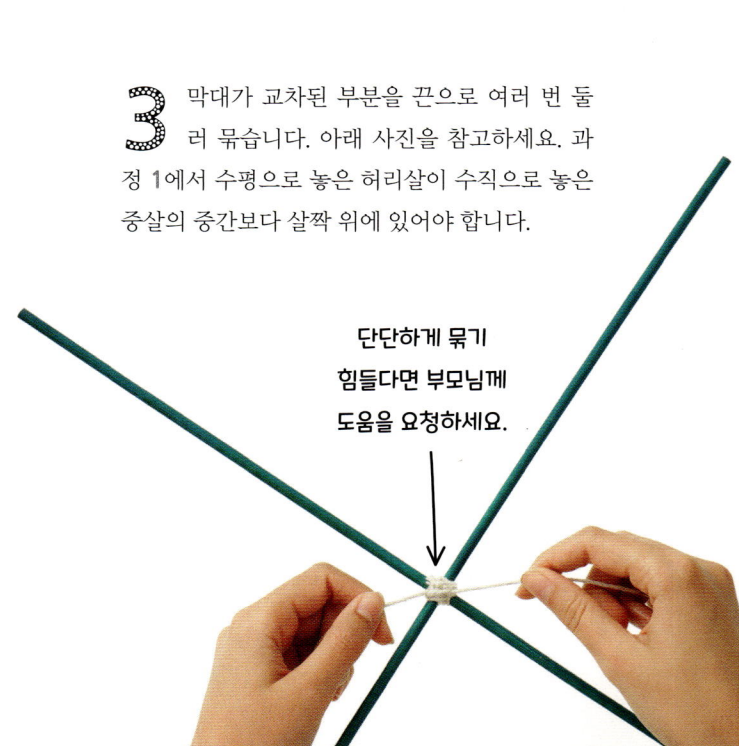

단단하게 묶기 힘들다면 부모님께 도움을 요청하세요.

연 날리기   113

4 비닐봉지의 양 옆과 밑을 잘라 위 사진과 같은 조각 4개를 만드세요.

5 과정 4에서 만든 조각 중 하나에 위 사진처럼 양면 테이프를 붙이세요. 이때 비닐이 주름지지 않도록 주의하세요. 양면테이프의 보호필름을 벗기세요.

6 다른 색깔의 비닐 조각을 양면테이프를 붙인 곳에 살며시 놓고 손으로 잘 눌러 붙이세요.

7 남은 조각에 양면테이프를 붙여 그림처럼 조각보 형태로 만드세요. 조각이 연결된 부분을 가능한 한 매끄럽게 만드세요.

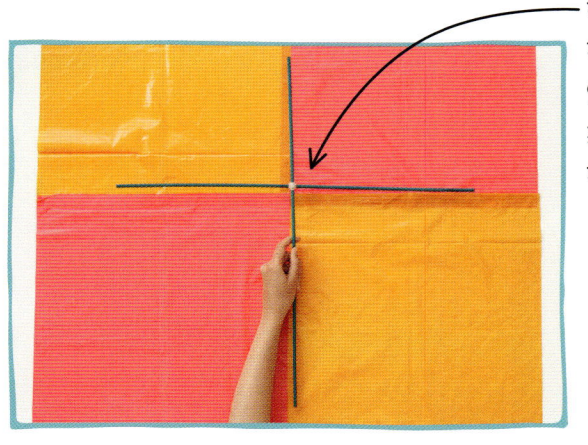

8 과정 3에서 만든 막대를 비닐 위에 놓으세요. 이때 막대의 교차점이 비닐 조각이 겹쳐진 가운데 부분에 있어야 합니다.

허리살과 중살이 직각으로 잘 연결되어 있다면 왼쪽 사진처럼 조각이 연결된 부분과 정확히 일치합니다.

9 펜으로 막대의 끝과 끝을 비닐 위에 표시하고, 막대를 잠시 치우세요.

114   4. 지구 과학

10 자와 네임펜을 이용해 과정 9에서 표시한 점을 연결하세요.

자르고 남은 조각으로 연의 꼬리를 만들 것입니다.

11 선을 따라 깔끔하게 잘라 마름모 모양을 만드세요.

12 잠시 치웠던 막대를 비닐로 만든 연 위에 두고 막대의 끝이 마름모의 각 꼭짓점에 맞도록 하세요.

13 테이프로 막대와 연을 연결하세요. 막대의 끝을 단단하게 고정해야 나중에 연을 날릴 때 연이 분리되지 않습니다.

비닐을 묶어 매듭을 지으세요.

14 이제 남은 비닐로 꼬리를 만들 차례입니다. 비닐을 길게 잘라 서로 다른 색끼리 교차하도록 묶으세요.

15 꼬리를 막대에 묶어 아래로 늘어뜨리세요.

연 날리기 115

막대의 교차점과
제일 윗부분의
중간 지점입니다.

막대의 교차점과
제일 밑부분의
중간 지점에 표시하세요.

16 위 사진의 X자 부분을 참고하여 막대에 표시하세요. 표시한 곳 밑에 고무찰흙을 두고 연필로 구멍을 뚫으세요.

17 중살(수직으로 놓은 막대)의 길이만큼 끈을 잘라 각각 구멍으로 통과시킨 다음, 매듭을 만들어 중살과 함께 묶으세요.

연이 비스듬하게
날 수 있도록 해 주는
부분으로 머릿줄 또는
꽁숫줄이라고 합니다.

손으로 잡은 이 줄에
연줄을 연결할 것입니다.

18 연을 뒤집어 각 끈이 허리살에 닿을 때까지 한쪽으로 잡아당긴 다음, 끈을 꼭 잡으세요.

연은
비스듬하게 날아
공기가 연 아래에서
흐르도록 합니다.

116　4. 지구 과학

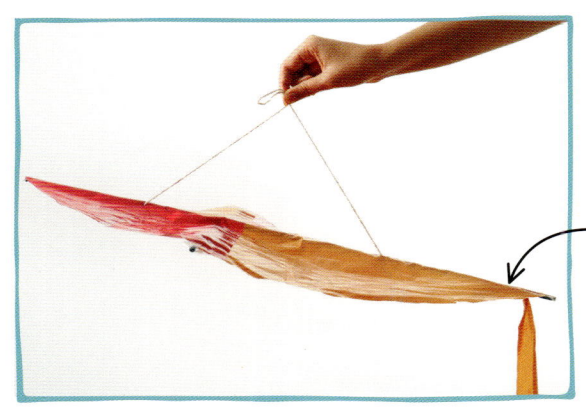

연의 꼬리는 머리보다 아래에 있습니다.

19 줄을 잡고 손가락으로 들어 올리세요. 연이 비스듬하게 기울어져 머리가 꼬리보다 더 높이 올라갑니다.

고리를 만들 때 부모님의 도움을 받아도 좋아요.

20 손가락으로 잡은 부분에 위 사진처럼 작은 고리를 만드세요. 이 곳에 연줄을 연결할 것입니다.

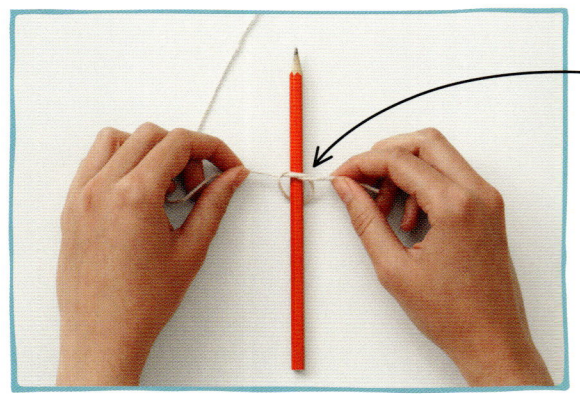

끈이 풀리지 않도록 꽉 묶으세요.

21 끈을 길게 잘라 연필 가운데에 묶으세요. 연필은 연을 날리는 손잡이인 얼레 역할을 합니다.

22 끈을 전부 감으세요. 연이 높이 올라가면 갈수록 줄도 더 많이 풀리지요.

23 과정 22에서 만든 연줄을 과정 20에서 만든 고리에 연결하세요. 완성된 연을 날리러 갈 시간입니다! 이때 낮은 곳보다는 높은 곳에서 연을 날리세요.

원리 파헤치기

바람은 부드럽게 움직여 연을 하늘로 띄웁니다. 춤추며 하늘을 나는 연 아래로 공기는 아래 그림처럼 흐릅니다. 연이 비스듬하게 날기 때문에 공기는 연 아래로 움직이지요. 연이 공기를 아래로 밀기 때문에 공기는 반대로 연을 위로 밉니다. 이를 양력이라고 부르지요. 바람이 불어 연을 위, 아래, 양쪽으로 미는 동안 여러분이 잡고 있는 연줄은 연을 아래와 뒤로 잡아당기게 됩니다. 바람이 강하면 강할수록 연이 날아가지 않게 줄을 꽉 잡아야 합니다. 하지만 바람이 멈추거나 줄을 놓으면 잠시 날다가 중력 때문에 결국 땅으로 떨어집니다.

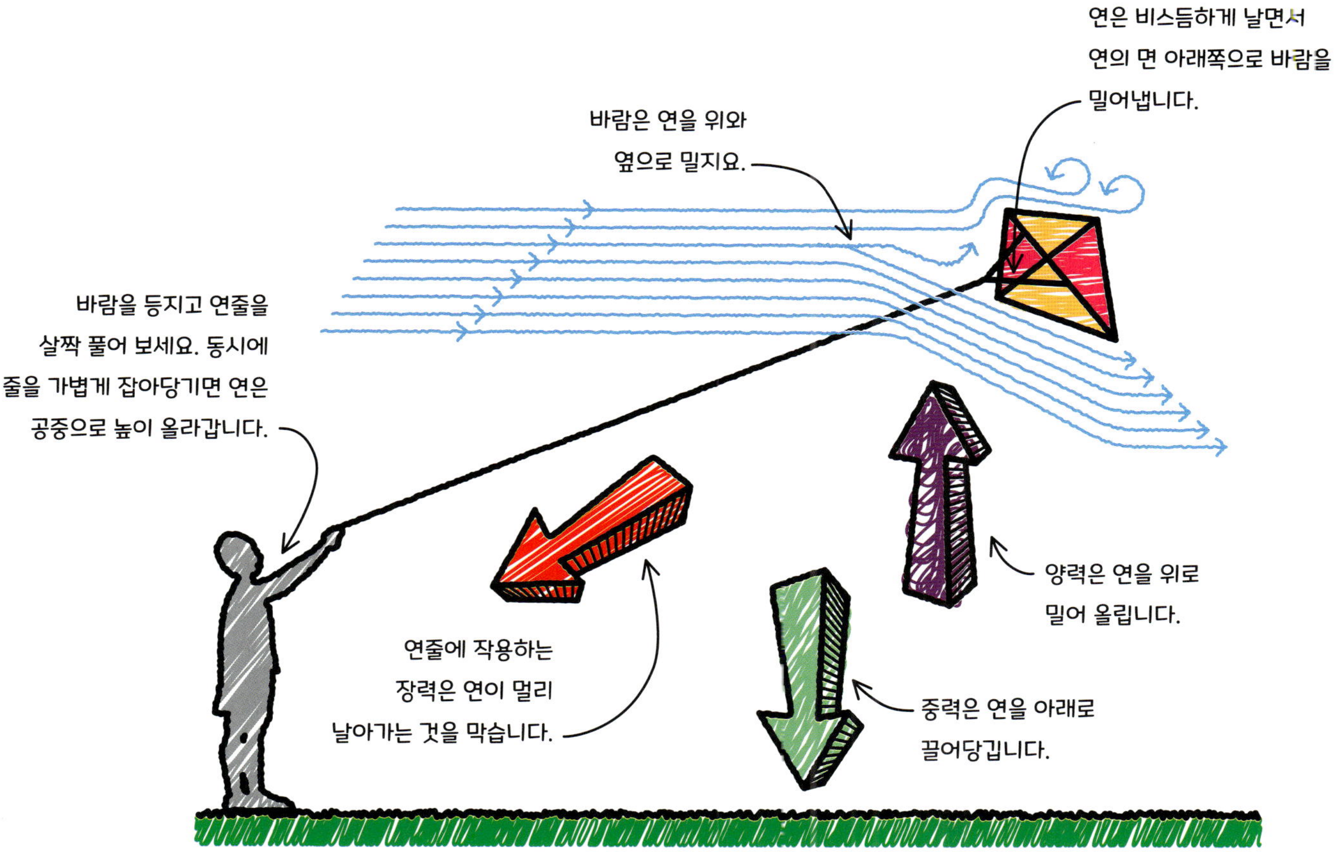

연은 비스듬하게 날면서 연의 면 아래쪽으로 바람을 밀어냅니다.

바람은 연을 위와 옆으로 밀지요.

바람을 등지고 연줄을 살짝 풀어 보세요. 동시에 줄을 가볍게 잡아당기면 연은 공중으로 높이 올라갑니다.

양력은 연을 위로 밀어 올립니다.

연줄에 작용하는 장력은 연이 멀리 날아가는 것을 막습니다.

중력은 연을 아래로 끌어당깁니다.

우리 주변의 과학
카이트 서핑

카이트 서핑을 하는 사람들은 아주 큰 스포츠용 연을 사용합니다. 이 연을 허리에 연결한 다음, 서프보드를 타고 파도를 가르지요. 스포츠용 연은 이번 실험에서 만든 연보다 조금 더 복잡합니다. 대부분 연줄은 한 개지만 스포츠용은 두 개의 줄이 있어 이를 이용해 연을 조정합니다. 두 개의 줄을 각각 잡아당기면 연은 뒤집히거나 돌면서 방향을 바꿉니다. 이는 연의 각 면에 흐르는 공기의 방향이 바뀌기 때문이지요. 스포츠용 연은 서퍼들을 공중으로 높이 띄워 점프, 회전, 회전점프(플립) 등과 같은 다양한 묘기를 할 수 있도록 도와줍니다.

물 로켓

5, 4, 3, 2, 1, 발사! 화석 연료를 단 한 방울도 쓰지 않고도, 공기 중으로 빠르게 날아가는 로켓을 만들 수 있습니다. 페트병 로켓을 발사대에서 멀리 날려 보내기 위해 공기와 물, 약간의 힘이 필요합니다. 물론 로켓이 우주까지 날아갈 수는 없지만 생각보다 멀리, 그리고 높이 날아가는 것을 관찰할 수 있습니다. 이제 로켓을 만들고 발사하는 데 필요한 정보를 모으러 갑시다!

로켓의 날개는 로켓이 공기 중에서 안정적으로 날 수 있도록 도와주지요.

테니스공은 로켓의 앞부분에 무게를 더하기 위해 이곳에 숨겨져 있지요.

로켓을 줄무늬나 다른 패턴으로 꾸며보세요.

발사!

로켓을 날리기 위해, 자전거 펌프를 이용해 페트병 안으로 공기를 넣어야 합니다. 펌프를 계속 누르면 공기가 페트병에 가득 차 압력이 생기고, 결국 페트병의 입구에서 코르크 마개가 튀어나와 물이 빠져 나옵니다. 물이 강한 힘으로 빠져 나오면 로켓은 빠르게 올라가지요.

4. 지구 과학

물 로켓 만들기

물 로켓을 하늘로 쏘아 올리려면 우리는 공기의 힘을 빌려야 합니다. 큰 페트병 두 개로 로켓을 만드는데, 하나는 로켓의 몸체를 만들고, 다른 하나는 로켓의 뾰족한 부분, 즉 노즈콘(Nose Cone)을 만들 것입니다. 이번 실험은 약간 어렵지만 차근차근 과정을 따라 하다 보면 어느새 멋진 로켓을 완성하게 될 거예요.

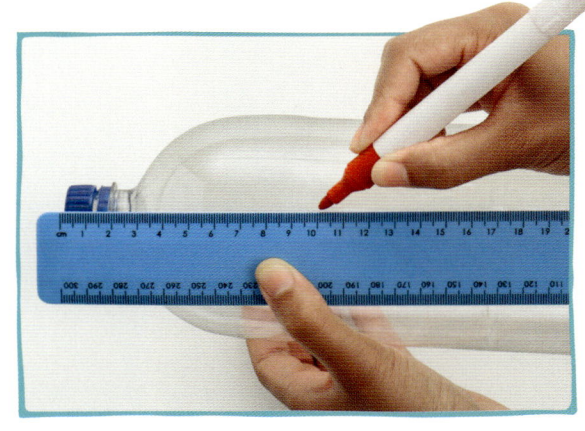

1 페트병 뚜껑에서 10cm만큼 떨어진 곳에 펜으로 표시하세요.

시간: 1시간　**난이도**: 어려움

준비물

고무찰흙, 양면테이프, 색테이프, 물감, 테니스 공, 네임펜, 밸브, 코르크 마개, 수동펌프, 물이 든 작은 페트병, 자, 붓, 골판지, 색 도화지, 가위, 큰 페트병 2개

2 색 도화지를 표시한 부분을 기준으로 둥글게 감싼 다음, 펜으로 위 사진처럼 선을 그리세요.

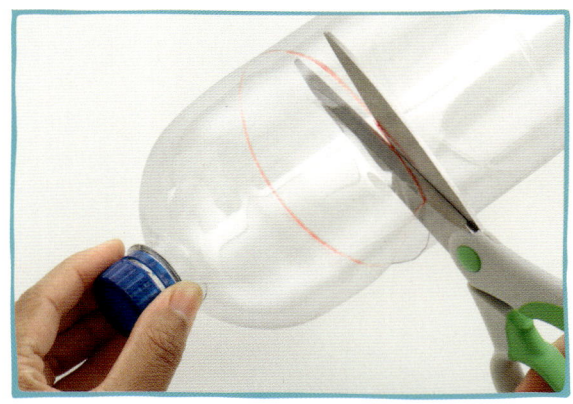

3 가위로 선을 따라 자르세요. 날카로운 부분에 손을 다칠 수 있으니 조심하고, 자르기 어렵다면 부모님께 도움을 요청하세요.

물 로켓 121

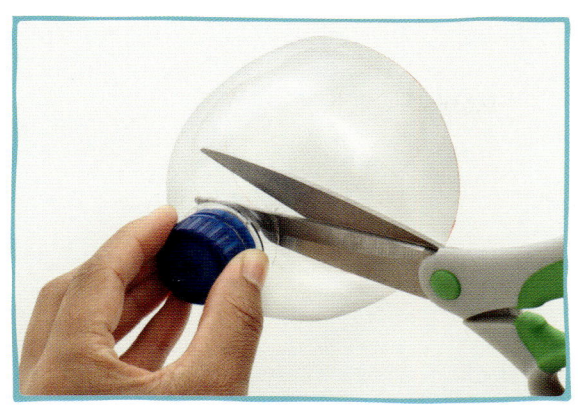

4. 부모님의 도움을 받아 페트병 뚜껑 바로 아래쪽을 자르세요. 이때 만들어진 구멍은 테니스 공보다 작아야 합니다.

물감으로 페트병 안쪽을 색칠해 반짝이는 효과를 낼 수 있지요.

5. 과정 4에서 만든 페트병 안쪽을 색칠하세요. 물 로켓의 노즈콘 부분이 거의 완성되었습니다.

6. 테니스 공을 색칠하세요. 공의 일부만 보이므로 절반만 색칠해도 괜찮습니다.

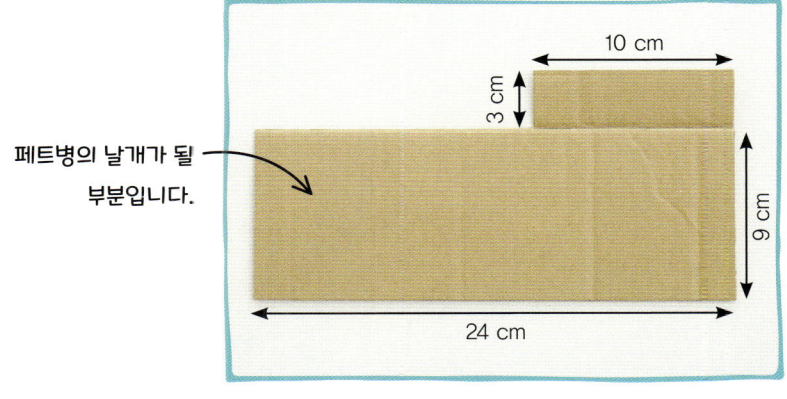

페트병의 날개가 될 부분입니다.

7. 골판지에 서로 다른 크기의 직사각형을 그리세요. 하나는 가로 10cm, 세로 3cm이고, 다른 하나는 가로 24cm, 세로 9cm입니다. 선을 따라 가위로 오리면 위의 사진과 같은 모양이 됩니다.

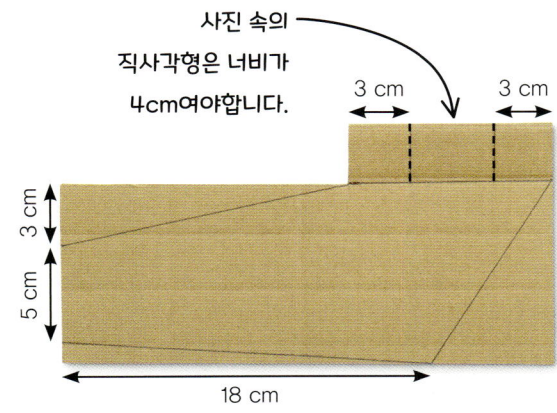

사진 속의 직사각형은 너비가 4cm여야합니다.

8. 큰 직사각형에 위의 사진처럼 날개 모양을 그리세요. 사진 속의 길이와 너비를 참고하세요. 작은 직사각형에는 위의 사진처럼 3cm만큼 들어간 곳에 점선 두 개를 그리세요.

9. 선을 따라 잘라 날개 모양을 만드세요. 작은 직사각형의 점선도 잘라 세 개로 분리되도록 하세요.

부록에 날개 견본이 있어요!

122　4. 지구 과학

10 과정 9에서 만든 날개를 다른 골판지에 대고 그대로 따라 그려 세 개를 더 만드세요.

11 날개를 모두 색칠하고 말리세요. 원하는 색으로 마음껏 꾸미세요.

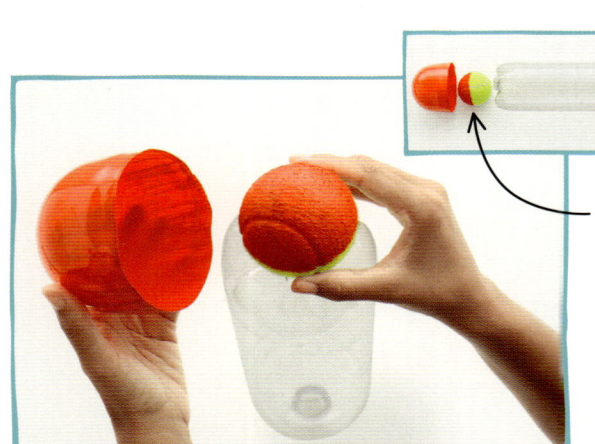

12 두 번째 페트병을 뒤집으세요. 밑부분에 테니스 공을 올려놓아 균형을 맞추세요. 이때 사진처럼 색칠한 부분이 위로 오도록 하세요. 테니스 공을 앞의 그 멍과 일렬이 되도록 맞추세요.

테니스 공은 큰 페트병과 노즈콘 부분 사이에 있어야 합니다.

13 색 테이프를 이용해 노즈콘과 몸체가 되는 페트병을 고정하세요. 로켓이 날아갈 때 떨어지지 않도록 단단히 고정해야 합니다.

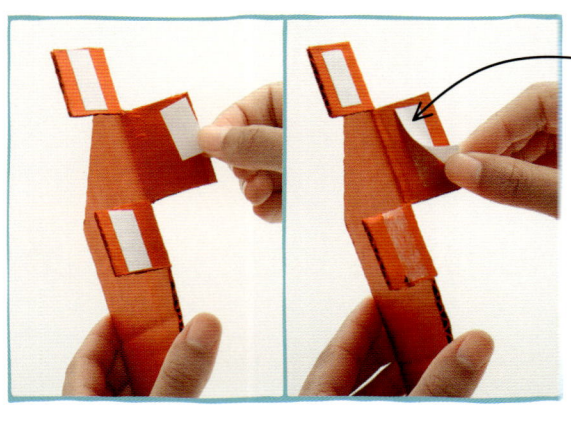

양면테이프의 보호필름을 벗기세요.

14 날개의 서로 분리된 부분을 접을 차례입니다. 위 사진처럼 가운데 부분만 오른쪽으로 접고, 맨 위와 아래 부분은 왼쪽으로 접으세요. 접은 부분 아래에 양면테이프를 붙이세요.

15 위 사진처럼 날개가 페트병의 입구를 살짝 넘도록 자리잡은 후, 꾹 눌러 붙이세요. 로켓 아래에 붙이세요.

물 로켓　123

테니스 공은 로켓이 안정적으로 날 수 있도록 합니다.

코르크 마개를 펌프의 밸브보다 살짝 짧게 잘라야 합니다. 가지고 있는 펌프의 밸브 길이를 확인하세요.

로켓이 수직으로 바로 올라가기 위해서는 날개가 매우 중요해요. 그러니 단단하게 고정하세요!

16 로켓이 바로 설 수 있도록 날개 위치를 맞춰 붙이세요. 날개 밑부분이 바닥에 일렬이 되어야 합니다. 사진을 참고하세요.

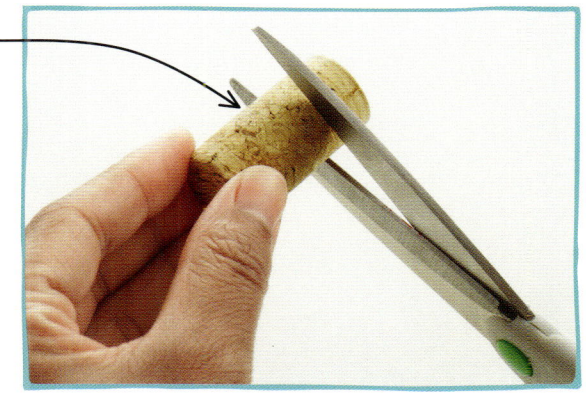

17 코르크 마개가 페트병 입구에 잘 맞는지 확인하고, 마개의 아래에서 약 $\frac{1}{4}$ 정도 되는 지점을 가위로 자르세요.

18 펌프의 밸브를 코르크 마개에 넣으세요. 이때 마개 아래에 고무찰흙을 깔아 책상이 손상되지 않도록 하세요.

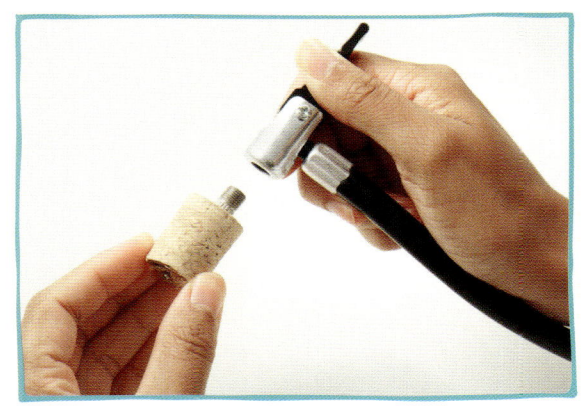

19 펌프와 밸브를 연결하세요. 로켓에 공기를 주입할 준비가 다 되었어요!

4. 지구 과학

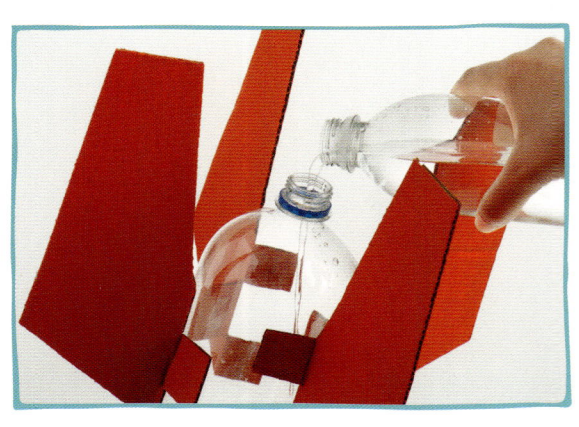

20 로켓을 뒤집어 작은 페트병에 든 물을 넣으세요. 약 500ml 정도 넣으면 로켓의 $\frac{1}{3}$ 만큼 물이 찰 거예요!

21 날개가 구부러지지 않도록 조심하면서 로켓의 입구를 코르크 마개로 막으세요. 이제 발사 직전입니다!

22 평평한 곳에 로켓을 세워 기울어지지 않게 하고 조심스럽게 공기를 주입하세요. 로켓이 발사될 때까지 공기를 주입하면 됩니다.

로켓의 앞부분에 얼굴을 가까이 하지 마세요. 절대 사람에게 로켓을 향하게 하거나 발사하면 안 됩니다!

만약 물을 적게 넣거나, 많이 넣으면 어떤 일이 생길까요?

만약 발로 누르는 수동펌프가 없다면 손으로 공기를 주입하는 펌프를 사용해도 좋아요.

원리 파헤치기

힘은 항상 쌍으로 작용합니다. 예를 들어 여러분이 노를 저을 때, 노가 물을 미는 힘과 물이 노를 미는 힘 두 가지가 작용하지요. 이 때문에 보트는 앞으로 나아갈 수 있습니다. 이때 느가 물을 미는 힘을 작용(Action), 그 반대의 힘을 반작용(Reaction)이라고 불러요. 이번 실험에서 반작용이라는 힘은 로켓을 멀리 날려 보냅니다. 펌프로 공기를 주입하면 코르크 마개와 물을 밀어내는 강력한 힘이 로켓 안쪽에 생깁니다. 즉 마개와 물을 미는 힘은 작용이고, 이로 인해 생기는 반작용, 즉 위로 올라가는 힘이 로켓을 발사시킵니다. 물이 다 떨어지고 내부 압력이 떨어지면 날아가는 힘은 사라지고 로켓은 지구가 잡아당기는 힘, 중력에 의해 땅으로 떨어지지요.

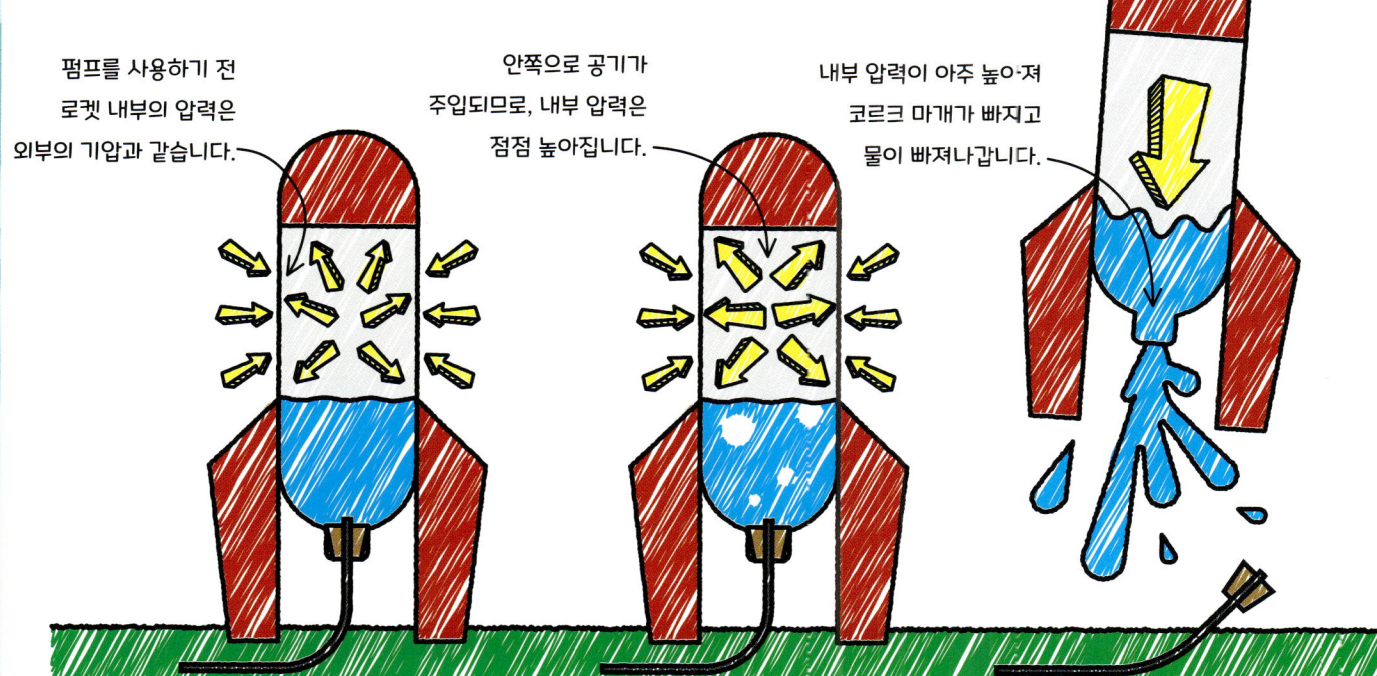

우리 주변의 과학
로켓 연료

실제 로켓도 여러분이 만든 로켓과 비슷한 방법으로 날아갑니다. 하지만 펌프로 로켓 내부의 압력을 높이진 않아요. 대신 로켓 연료가 빠르게 연소되면서 아주 많은 양의 가스를 만들어 냅니다. 새로 만들어진 가스는 로켓 밖에 있는 기체들을 강한 힘으로 밀어내고(작용), 반대 방향으로 작용하는 힘(반작용)으로 로켓이 위로 올라갑니다.

공기 대포

이번 실험에서 만들 공기 대포를 이용하면 움직이는 공기의 힘을 느낄 수 있습니다. 골판지로 만든 손잡이를 잡아당겼다가 놓으면 비닐은 앞으로 튕겨 나가고, 공기는 앞쪽 구멍을 통해 빠르고 강하게, 마치 대포를 쏘는 것처럼 나가지요. 멀리 떨어진 플라스틱 화분을 얼마나 멀리 날려 버릴 수 있는지 실험해 보세요. 또 나뭇가지의 잎을 흔들고, 친구의 머리카락을 마구 헝클어뜨릴 수 있는지 시험해 보세요. 그리고 공기 대포를 만든 후에, 더 크고 강력한 공기 대포를 만드는 방법을 생각해 보세요.

공기 대포는 플라스틱 화분을 날려 버릴 정도로 강력하답니다!

공기 사이로 날아가요!

이미 머물러 있는 공기 때문에 대포에서 발사된 공기는 더 앞으로 나아가기 어렵습니다. 때문에 공기 대포에서 발사된 공기는 힘을 잃고 속도가 줄어듭니다. 하지만 이렇게 힘을 잃기 전에 대포에서 발생한 폭발은 에너지를 공기에 전달하면서 주변의 공기를 끌어당깁니다. 끌려온 공기는 눈에 보이지는 않지만 강력한 소용돌이 공기를 만들며 앞으로 나가지요.

안개가 자욱한 날에 공기 대포를 쏘면, 공기 사이로 소용돌이 고리를 볼 수 있어요.

공기 대포 만들기

이번 실험에서는 아주 강력한 테이프가 필요합니다. 대포의 손잡이를 아주 세게 잡아당겨야 하기 때문이지요. 또 접착제로 부품들을 붙인 다음 충분히 말리세요. 만일 마르기 전에 대포를 쏘면 부품이 떨어져 나가 공기가 제대로 발사되지 않을 거예요.

1 상자의 덮개를 모두 오리세요. 덮개는 나중에 부품을 만들 때 필요하니 버리지 마세요.

시간: 45분, 접착제가 마르는 시간
난이도: 어려움

준비물

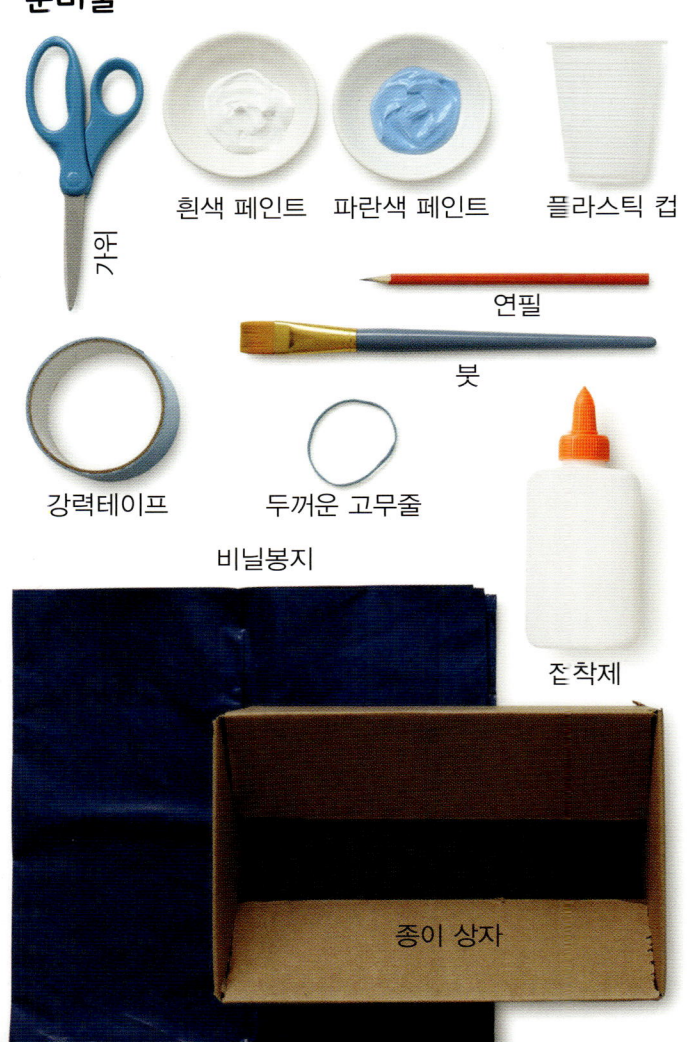

가위, 흰색 페인트, 파란색 페인트, 플라스틱 컵, 연필, 붓, 강력테이프, 두꺼운 고무줄, 접착제, 비닐봉지, 종이 상자

2 상자를 뒤집고 플라스틱 컵을 위 사진처럼 놓으세요. 컵을 대고 원을 그린 후, 가위로 잘라 구멍을 만드세요. 어려우면 부모님께 도움을 요청하세요.

3 과정 1에서 자른 상자 덮개에 컵을 대고 똑같이 원을 그리세요. 모두 네 개의 원 조각을 만들면 됩니다.

공기 대포 129

박스 주위에 여분의 비닐을 꼭 남기세요.

4 상자를 비닐봉지 위에 놓은 다음, 상자에서 약 10cm 만큼 여유를 두고 비닐을 자르세요.

5 고무줄은 대포를 발사하는 데 필요한 에너지원이 됩니다. 고무줄을 잘라 하나의 긴 끈으로 만드세요.

6 과정 3에서 만든 원 조각 가운데에 고무줄을 놓고 테이프로 붙이세요. 대포를 쏠 때 잡아당겨야 하므로 아주 단단하게 붙여야 하지요.

7 과정 4에서 만든 비닐 위에 원 조각을 놓고, 테이프로 단단히 고정하세요.

8 접착제를 이용해 과정 3에서 만든 나머지 원 조각 세 개를 모두 포개어 붙이고 충분히 마르도록 가만히 두세요. 나중에 손잡이가 될 부품입니다.

130   4. 지구 과학

9 비닐봉지를 뒤집어 과정 8에서 만든 원 조각에 접착제를 발라 사진처럼 붙이세요. 과정 7에서 붙인 원 조각과 방금 붙인 원 조각이 같은 위치에 있어야 합니다.

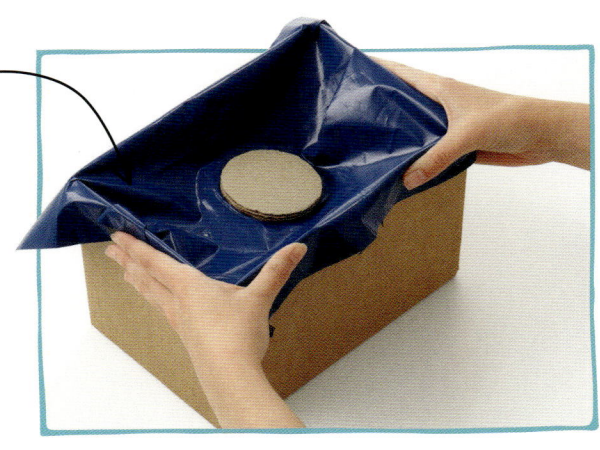

비닐이 상자 속으로 들어가도록 하세요.

10 상자에 낸 둥근 구멍이 바닥으로 가게 세운 후, 과정 9에서 만든 비닐봉지를 원 조각이 위로 오도록 한 채 덮으세요. 이때 비닐봉지는 가운데 부분이 상자 속으로 들어갈 정도로 충분히 커야 합니다.

11 강력테이프를 이용해 비닐봉지의 가장자리를 상자에 붙이세요. 비닐봉지는 위 사진처럼 가운데가 움푹 패어 상자 속으로 들어간 모습입니다.

12 다시 상자를 뒤집은 다음, 안쪽 비닐봉지에 붙은 고무줄을 구멍 사이로 잡아당겨 테이프를 이용해 양쪽으로 고정하세요.

고무줄을 잡아당길 때 놓쳐서 팅겨 나가거나 끊어지지 않도록 조심하세요.

13 아래 사진처럼 상자를 원하는 색깔과 모양으로 마음껏 꾸미세요. 상자에 칠한 페인트가 잘 마르도록 충분한 시간을 두고 말리세요.

공기 대포

14 낙엽이나 플라스틱 컵을 표적으로 하여 공기 대포를 쏘세요. 비닐봉지에 붙은 원 손잡이를 뒤로 당겼다가 놓으세요. 이때 절대로 대포를 사람에게 향해서는 안 됩니다!

손잡이를 놓을 때 고무줄은 비닐봉지를 빠르게 앞으로 잡아당겨 소용돌이 고리가 생기도록 하지요.

원리 파헤치기

손잡이를 잡아당길 때 사용한 에너지는 늘어난 고무줄에 저장됩니다. 손잡이를 놓으면 고무줄은 에너지를 방출하며 비닐봉지를 앞으로 강하게 잡아당기지요. 아주 빠르게 움직이는 비닐봉지는 상자 속의 공기에 에너지를 전달하고, 공기는 폭발하듯 구멍을 통해 발사됩니다. 발사된 공기는 박스 앞에 머물던 공기를 밀어내는 동시에 주변 공기를 끌어 모아 소용돌이 고리 모양의 흐름을 만들며 돌기 시작합니다.

공기 대포의 앞에 있는 구멍에서 공기가 폭발하듯 나옵니다. 이는 비닐봉지가 앞으로 이동하면서 생기는 힘에 의한 것이지요.

공기는 앞으로 움직이는 동시에 주변 공기를 끌어 모읍니다. 공기는 소용돌이 모양을 만들며 돌기 시작하지요.

소용돌이 고리는 대포에서 발사된 공기가 에너지를 잃을 때까지 앞으로 쭉쭉 나아갑니다.

우리 주변의 과학
자연에서 볼 수 있는 소용돌이 고리

유체(Fluid)는 액체 또는 기체처럼 흐를 수 있는 물질을 말합니다. 소용돌이 고리는 유체에서 자주 볼 수 있지요. 소용돌이 고리는 매우 자연스럽게 발생합니다. 예를 들어 입구가 둥근 화산은 증기와 가스로 만들어진 고리 모양 연기를 내뿜습니다. 화산 안쪽에서 뜨거운 공기가 솟아 오르기 때문에 소용돌이 고리도 위로 천천히 이동하지요. 사진 속의 돌고래도 소용돌이 고리를 만들 수 있습니다. 돌고래는 공기를 밖으로 내뿜으며 물속에서 소용돌이 고리를 만들고, 이 고리를 장난감처럼 가지고 놀기도 합니다.

자기력

이번 활동에서는 작은 핀에 자성을 띠게 해 자석으로 만든 다음, 나침반을 만들 것입니다. 자유롭게 움직일 수 있는 자석이라면 한쪽은 북쪽, 다른 한쪽은 남쪽을 가리킵니다. 이는 지구가 하나의 커다란 자석이기 때문입니다. 지구의 한쪽 끝을 극이라고 부르는데 북쪽을 자기의 남극, 반대쪽인 남쪽을 자기의 북극이라고 합니다.

캠핑을 하거나 트레킹을 갈 때 나침반을 이용해 길을 찾을 수 있지요.

나침반

지금은 인공위성을 이용해 길을 찾는 위성 항법을 사용하지만, 이 방법이 널리 알려지기 전 사람들은 나침반을 사용해 길을 찾곤 했습니다. 나침반은 지구 자기장에 맞춰 작은 바늘이 항상 북쪽이나 남쪽을 가리키지요. 이번 실험에서는 옷핀과 플라스틱 컵, 뚜껑을 이용해 나침반을 만들 것입니다. 물론 먼저 핀에 자성을 띠게 해야 합니다.

플라스틱 뚜껑이 물 위에 둥둥 뜨기 때문에 그 위에 놓인 바늘 역시 자유롭게 방향을 바꿀 수 있지요.

나침반 만들기

나침반에서 가장 중요한 부분은 나침반 바늘입니다. 이번에는 옷핀을 사용하지만 클립의 뾰족한 부분이나 바늘처럼 철로 된 작은 물체도 이용할 수 있습니다. 나침반 바늘은 자성을 띠기 때문에 북쪽 또는 남쪽을 가리킵니다. 따라서 우리가 만들 나침반 바늘에 자성을 띠게 만들려면 자석이 반드시 필요하지요.

1 가위를 이용해 플라스틱 컵의 아랫면을 오리세요. 이 부분은 물 위에 떠다니며 옷핀을 자유롭게 움직이도록 해줍니다.

시간: 20분   난이도: 보통

준비물

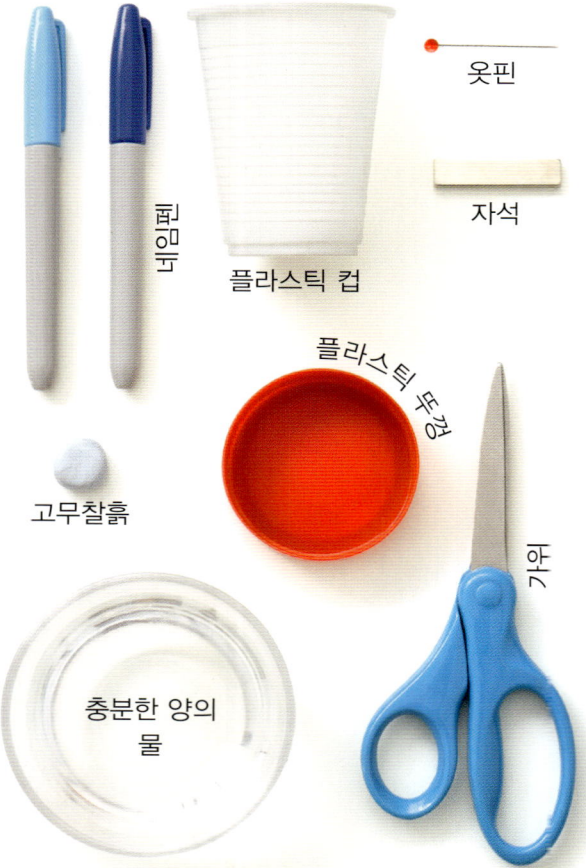

네임펜, 플라스틱 컵, 옷핀, 자석, 고무찰흙, 플라스틱 뚜껑, 가위, 충분한 양의 물

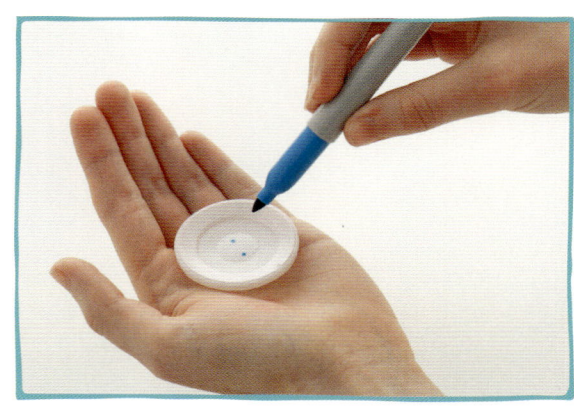

2 네임펜을 이용해 과정 1에서 자른 플라스틱 조각에 점 두 개를 찍으세요. 두 점의 간격은 약 1cm가 좋습니다.

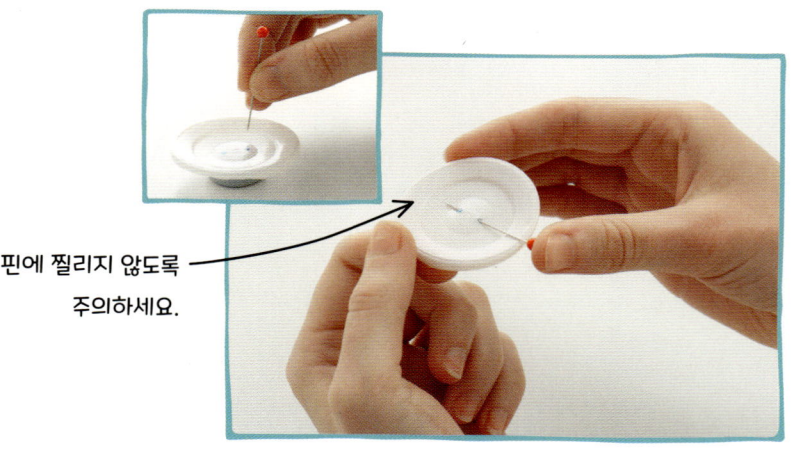

핀에 찔리지 않도록 주의하세요.

3 고무찰흙 위에 플라스틱 조각을 놓고, 위 사진처럼 두 점 사이로 핀을 통과시키세요.

나침반 135

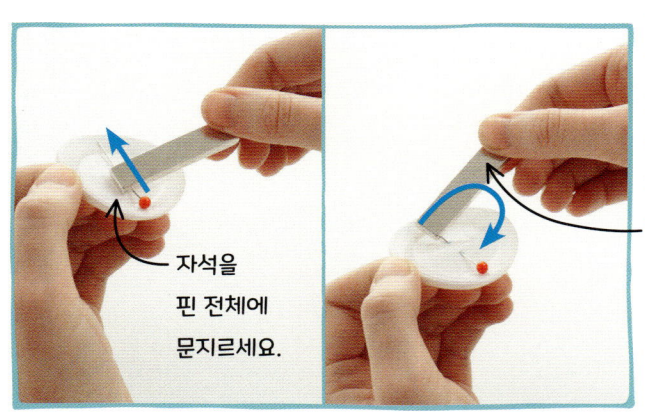

한 번 문지른 후, 자석을 들어 올렸다가 다시 문지르세요. 반드시 한 방향으로만 문질러야 합니다.

자석을 핀 전체에 문지르세요.

4 이제 옷핀을 자성을 띠는 나침반 바늘로 만들 차례입니다. 자석을 이용하여 한 방향으로 약 40~50번 정도 문지르세요. 한 번 문지를 때마다 자석을 들어 올렸다가 다시 문질러야 합니다. 이때 자석의 한쪽 극만 사용해야 합니다. 뒤집어서 문지르지 않도록 주의하세요.

5 플라스틱 뚜껑에 물을 담으세요. 과정 **3**에서 만든 플라스틱 조각이 뜰 수 있을 정도로만 채우면 됩니다.

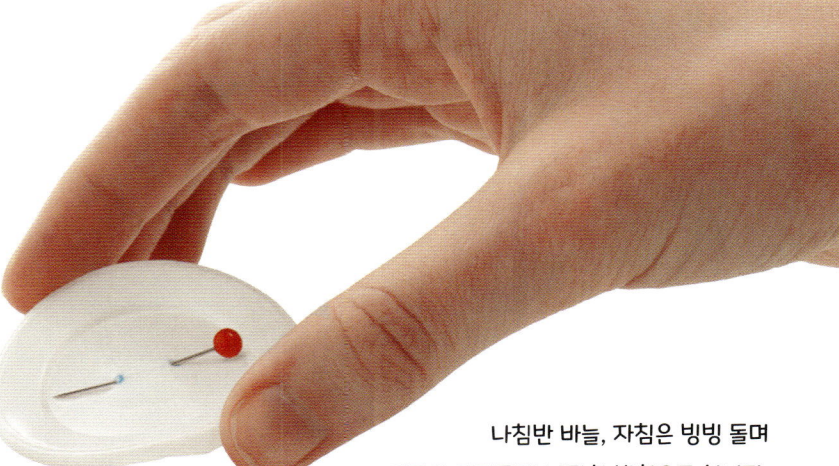

자성을 띠는 나침반의 바늘은 각각 북극과 남극을 가리키지요.

6 물을 채운 뚜껑에 바늘이 달린 플라스틱 조각을 띄우세요. 만약 바늘이 빙글빙글 돌지 않는다면 다시 꺼내 자석을 몇 번 더 문지르세요. 바늘이 움직이지 않는 것은 아직 자성을 띠지 않기 때문입니다.

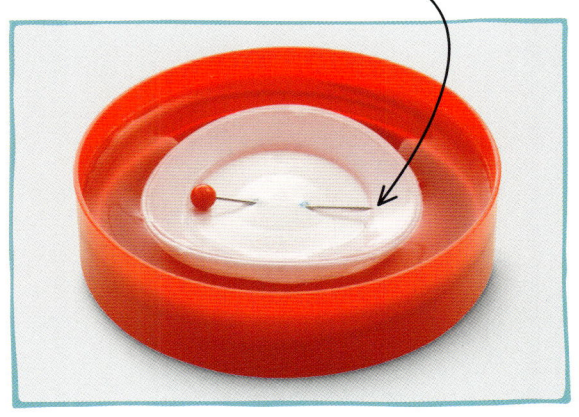

나침반 바늘, 자침은 빙빙 돌며 지구의 자기장과 나란한 방향으로 섭니다.

7 바람이 불지 않는 곳에 나침반을 두세요. 이때 주변에 가전제품이나 큰 금속 제품이 있지 않은지 확인하세요. 나침반이 움직이는 데 방해가 됩니다.

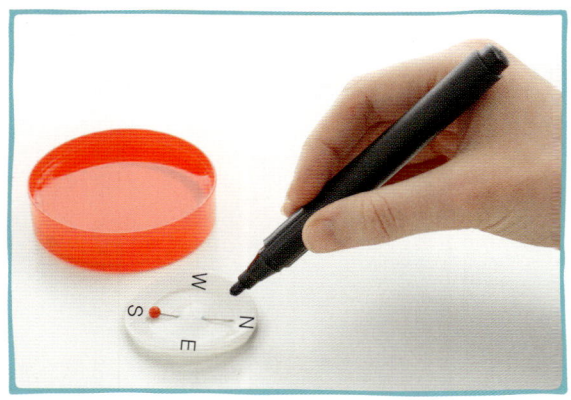

8 아직 나침반의 바늘이 어느 쪽을 가리키는지 알 수 없기 때문에 스마트폰의 나침반 앱을 이용하거나 부모님의 도움을 받아 북쪽을 찾으세요. 북쪽을 찾으면 플라스틱 조각을 꺼내 동서남북을 표시하세요.

9 동서남북을 표시한 다음, 플라스틱 조각에 사진처럼 방위표를 그려보세요.

한 걸음 더 나아가기

자성을 띤 핀은 있지만 이 핀을 띄울 플라스틱 조각이 없다면, 나뭇잎을 이용해 보세요. 이 나뭇잎이 플라스틱 조각의 역할을 합니다. 자침이 북쪽 또는 남쪽을 가리키는 한 여전히 나침반으로 활용할 수 있습니다. 코르크나 폴리스티렌, 페트병 뚜껑처럼 물 위에 뜨는 여러 가지 물체도 이용할 수 있어요. 이외에도 나침반 바늘에 자석을 가까이할 때 어떤 일이 일어나는지 꼭 확인해 보세요.

나침반 바늘은 북쪽이나 남쪽 중 하나를 가리킵니다. 사진 속의 바늘은 북쪽을 가리켰지만 아마 여러분의 나침반은 남쪽을 가리킬지도 모르지요.

10 이제 나침반이 완성되었으니 직접 사용해 봅시다. 바늘의 자성이 떨어질 때를 대비하여 자석을 가지고 있으세요.

원리 파헤치기

모든 자석은 극이라 불리는 양쪽 끝을 포함하여 자석 주변에 자기장(Magnetic Field)을 가집니다. 이때 자기장은 양 극에서 가장 강하지요. 철로 만들어진 나침반의 바늘, 자침은 자기구역(이하 '자구', Magnetic Domain)이라 불리는 아주 작은 부분들이 모여서 자성을 띠게 됩니다. 각 자구는 각자 작은 자석 역할을 합니다. 하지만 대부분 뒤죽박죽 섞여 있기 때문에 자기장은 서로 상쇄됩니다. 하지만 바늘에 자석을 문질러 자성을 띠도록 하면, 모든 자구는 한 방향으로 나란히 배열되고, 자기장 역시 같은 방향을 가리키게 됩니다.

자성을 띠지 않을 때
파란색 화살표, 즉 자구는 서로 다른 방향을 가리킵니다

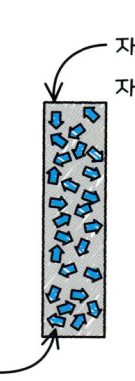

- 자성을 띠지 않아 자기장이 없어요.
- 자구가 서로 다른 방향을 가리키고 있기 때문에 자기장은 상쇄되지요.

자성을 띨 때
핀을 자석으로 문지르면 자구(파란색 화살표)는 아래 그림처럼 모두 같은 방향으로 배열됩니다.

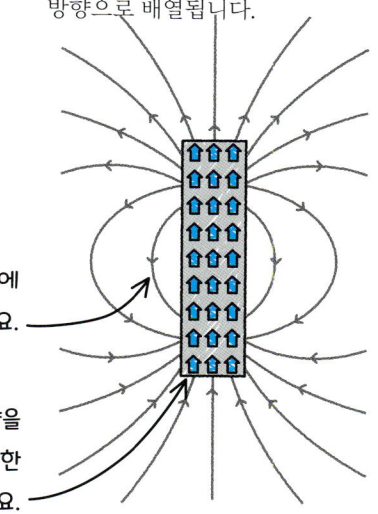

- 자성을 띠기 때문에 자기장이 생겨요.
- 자구가 모두 같은 방향을 가리키기 때문에 강한 자기장이 생성되지요.

지구는 자석이야

지구의 핵에 있는 액체 상태의 철은 거대한 자기장을 형성하는 강한 자석과 같습니다. 자석과 마찬가지로 녹은 철은 북극과 남극을 가리키는 두 개의 극을 가지지요. 자성을 띤 핀의 두 극은 지구 자기장과 나란히 배열됩니다. 즉 북극을 가리키는 극은 지구의 자북극 쪽으로, 남쪽을 가리키는 극은 지구의 자남극 쪽으로 움직이지요.

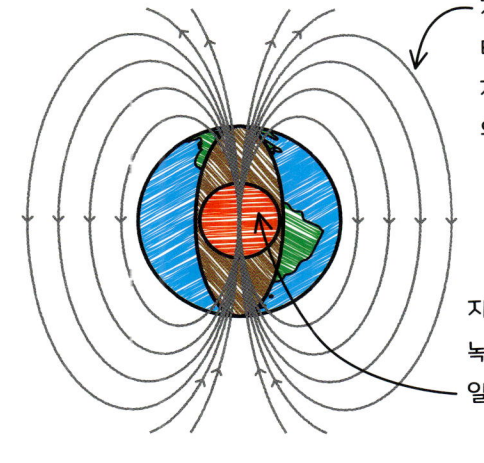

- 지구의 자기장은 태양으로부터 오는 유해한 자외선이나 물질로부터 우리를 보호해요.
- 지구의 자석은 아주 뜨겁고, 녹아서 액체처럼 대류 현상을 일으키는 철로 이루어져 있어요.

우리 주변의 과학

나침반을 가진 동물들

많은 동물들이 자신만의 나침반을 가지고 있어요. 물론 자성을 띤 금속 바늘을 가진 것은 아니지만요. 이런 동물들은 지구 자기장을 탐지하고 이를 활용해 길을 찾도록 해 주는 작은 기관이 있답니다. 예를 들어 비둘기는 머리에 있는 특정 부분이 마치 나침반처럼 작용해 장거리를 날아가거나 집으로 돌아가는 길을 찾을 수 있습니다.

반짝반짝 지오드

지구를 구성하는 물질과 지구의 형성 과정에 대해 연구하는 사람들을 지질학자라고 합니다. 이 연구는 꽤 힘들고 지루하지요. 하지만 인내심을 가지고 연구하다 보면 아주 멋진 발견을 할 수 있답니다. 지질학자들은 바위를 부수고 깰 때, 아주 멋진 결정체로 가득한 암석들을 발견하기도 합니다. 이렇게 암석 안에 공간을 차지하며 결정으로 가득한 것을 지오드(정동석)라고 불러요. 실제로 지오드가 형성되는 데에는 수천 년이 걸리지만, 우리는 2~3일 만에 지오드를 만들 수 있답니다.

형형색색의 계란 껍질 지오드를 만들 수 있어요!

화려한 결정체

바위를 깨서 지오드를 찾으려면 시간도 오래 걸리고 힘도 듭니다. 대신 빈 계란 껍질과 식용 색소, 명반을 이용해 나만의 지오드를 만들어 봅시다. 명반으로 계란 껍질 표면에 결정체를 만들고, 식용 색소로 결정체를 화려하고 반짝이게 만들어 친구나 가족에게 선물해 보세요.

결정체에는 납작한 부분이 있어 빛을 받으면 반짝반짝 빛이 나지요.

결정체들은 계란 껍질 안쪽에 붙거나 가장자리를 따라 자라요.

결정체들의 색은 실험을 할 때 어떤 식용 색소를 사용하는가에 따라 달라져요.

지오드 만들기

명반은 지오드를 만드는 데 필요한 핵심 재료입니다. 명반은 약국이나 인터넷에서 쉽게 구할 수 있어요. 실험에서는 조은 양만 사용하기 때문에 덜 위험하지만, 그래도 입에 넣거나 명반을 만진 손으로 눈을 비비면 안 됩니다! 그리고 명반을 만진 후에는 꼭 손을 씻으세요.

1 실험을 시작하기 전, 손을 깨끗이 씻으세요. 계란을 부드럽게 깬 후, 깨진 부분을 조심스럽게 뜯어 구멍을 만드세요. 장갑을 끼고 해도 좋아요.

시간: 1시간, 결정이 자라는 시간   **난이도**: 어려움   **주의 사항** 명반을 입이나 눈에 넣지 마세요!

준비물

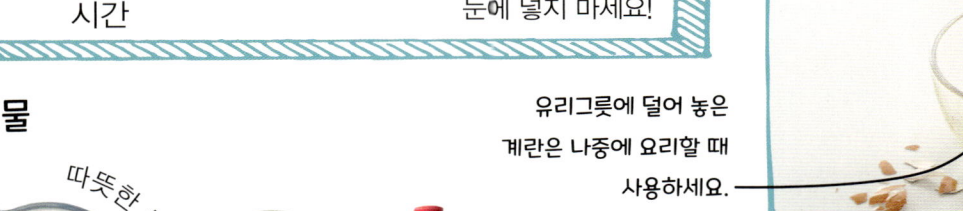

따뜻한 물 150ml / 명반 / 식용 색소

유리그릇에 덜어 놓은 계란은 나중에 요리할 때 사용하세요.

2 유리그릇에 계란을 부어 껍질만 남기세요. 껍질을 안쪽으로 살짝 부순 다음, 계란 껍질 안쪽에 얇게 붙어있는 계란막을 조심스럽게 제거하세요.

접착제 / 플라스틱 컵 / 유리그릇 / 붓 / 숟가락 / 계란 1개 / 키친타올

물로 씻을 때 껍질이 부서지지 않도록 주의하세요.

3 흐르는 물에 껍질을 씻어 계란막을 가능한 한 많이 제거하세요. 손도 다시 씻어야 합니다.

반짝반짝 지오드   141

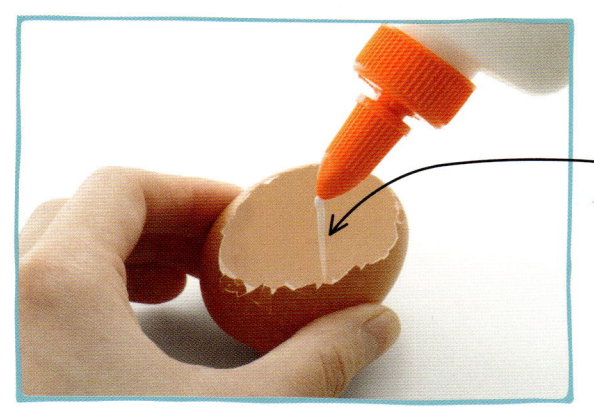

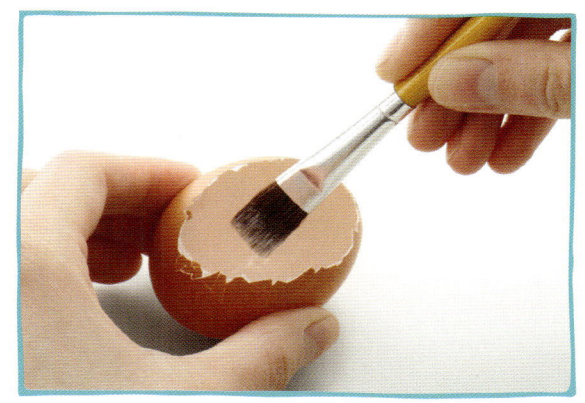

접착제는 명반이 계란 껍질 안쪽에 달라붙도록 도와줍니다.

4 접착제를 계란 껍질 안에 부으세요. 명반이 붙을 정도로만 부으면 됩니다.

5 붓을 이용해 접착제를 골고루 바르세요.

6 숟가락으로 명반을 조금 뿌리세요. 계란 껍질을 뒤집어 달라붙지 않은 명반을 쏟아 버리세요. 만일 장갑을 끼지 않았다면 명반을 사용한 후, 손을 꼭 씻으세요.

7 따뜻한 물에 남은 명반을 붓고 숟가락으로 저으세요. 더 녹지 않을 때까지 명반을 넣어 진한 명반 용액을 만드세요.

혼합물을 저어 명반을 잘 녹이세요.

142　4. 지구 과학

8　명반 용액에 식용 색소를 넣고 숟가락으로 잘 저으세요.

9　완성된 명반 용액을 플라스틱 컵에 부으세요. 계란 껍질이 완전히 잠길 정도의 양이어야 합니다.

컵에 용액을 부으면 계량컵 안에 아직 녹지 않은 명반이 남아 있을 거예요.

10　계란 껍질을 명반 용액에 담그세요. 계란 껍질 안으로 용액이 들어갈 수 있도록 숟가락으로 살살 굴리세요. 이때 깨지지 않도록 조심해야 합니다.

11　약 24시간 동안 계란 껍질을 용액 속에 담가 두세요. 따뜻하고 건조한 곳에 두는 게 가장 좋아요. 시간이 됐으면 계란 껍질을 조심스럽게 꺼내세요.

12　계란 껍질을 키친타올 위에 놓으세요.

반짝반짝 지오드 143

13 반짝반짝 지오드가 완성되었습니다. 명반과 식용 색소를 이용해 반짝이는 결정체를 만들었지요.

결정체들은 껍질 안쪽과 가장자리를 따라 자랍니다.

남은 명반 용액은 버리고 손을 깨끗하게 닦으세요.

원리 파헤치기

물에 명반을 녹일 때, 명반은 이온(Ion)이라는 작은 입자로 쪼개지고 물과 섞입니다. 식용 색소는 이미 물에 녹은 상태이고, 이 역시 이온으로 존재하지요. 서로 다른 이온들은 함께 결합하여 단단한 결정체(Crystal)를 형성합니다. 이온이 결합할 때 독특하고 규칙적인 패턴을 만드는데, 이 패턴은 결정체의 모양을 결정합니다.

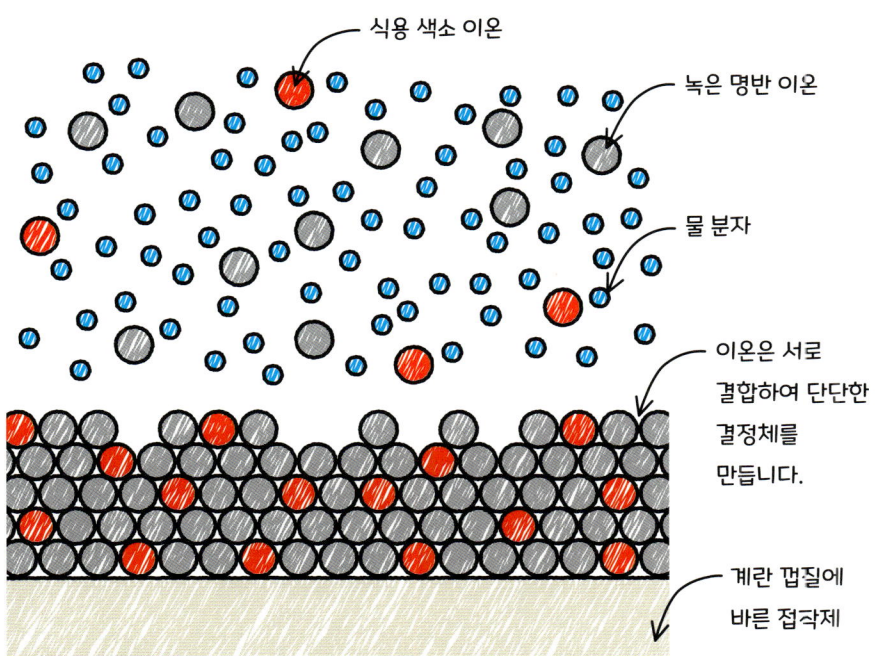

식용 색소 이온
녹은 명반 이온
물 분자
이온은 서로 결합하여 단단한 결정체를 만듭니다.
계란 껍질에 바른 접착제

우리 주변의 과학
자연이 만든 지오드

지오드는 암석의 빈 공간에서 자랍니다. 이런 빈 공간은 화산에서 흘러나온 용암 속의 큰 기포에 의해 만들어지기도 합니다. 녹은 용암이 단단하게 굳으면서 기포는 그 안에 갇히게 되지요. 물이 지표면 사이로 스며들 때 여러 광물들이 함께 녹아 들고, 광물들은 공간 안에서 결정화를 거쳐 아름다운 지오드를 만듭니다.

여러분이 만든 위도 측정 장치를
사용하려면 밤에 밖으로 나가
기준이 되는 별을 찾아야 합니다.
이 별은 여러분이 사는 지역에 따라
모두 다르답니다.

아주 먼 옛날 선원들은 별을 이용해 그들이 지구상 어디쯤 있는지 알아내곤 했습니다. 별을 이용한 이 방법에서 위치는 위도와 경도라는 두 개의 숫자로 나타낼 수 있지요. 위도는 적도에서 남쪽 또는 북쪽으로 얼마나 멀리 떨어져 있는지를 각도로 나타낸 것이에요. 경도는 지구 한 지점에서 여러분이 있는 곳까지 동서쪽으로 얼마나 멀리 떨어져 있는지 위치를 나타낸 것이지요. 이번 실험에서 여러분은 자신의 위도를 측정할 수 있는 장치를 만들 것입니다.

위도는 몇 도일까요?

지구에는 북극과 남극으로부터 동일한 거리에 떨어진 적도라는 가상의 선이 있습니다. 만일 여러분이 적도에 살고 있다면 여러분의 위도는 0도지요. 만약 여러분이 북극에 산다면 위도는 북쪽 90도(+90도)이고, 반대로 남극에 산다면 위도는 남쪽 90도(-90도)랍니다. 대부분 위도는 이 둘 사이에 있을 확률이 높습니다. 만일 여러분이 적도에 아주 가깝거나 반대로 아주 먼 곳으로 여행을 간다면 위도 측정 장치를 이용해 여러분의 새로운 위도를 측정하고 표시할 수 있어요.

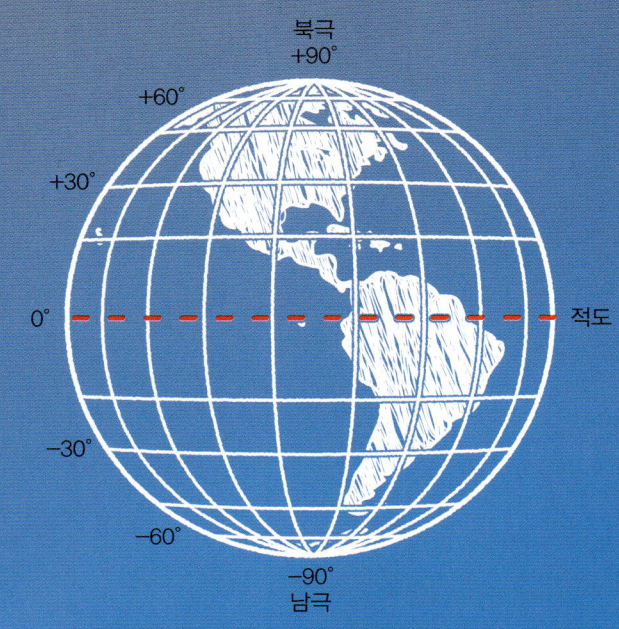

146 4. 지구 과학

위도 측정 장치 만들기

위도 측정 장치를 만드는 것은 어렵지 않아요! 부록을 보면 눈금자를 만드는 데 필요한 견본이 있어요. 이 견본을 옮겨 그리거나 복사해서 오린 다음, 자르고 붙이면 금방 만들 수 있답니다!

시간: 30분

난이도: 보통

준비물

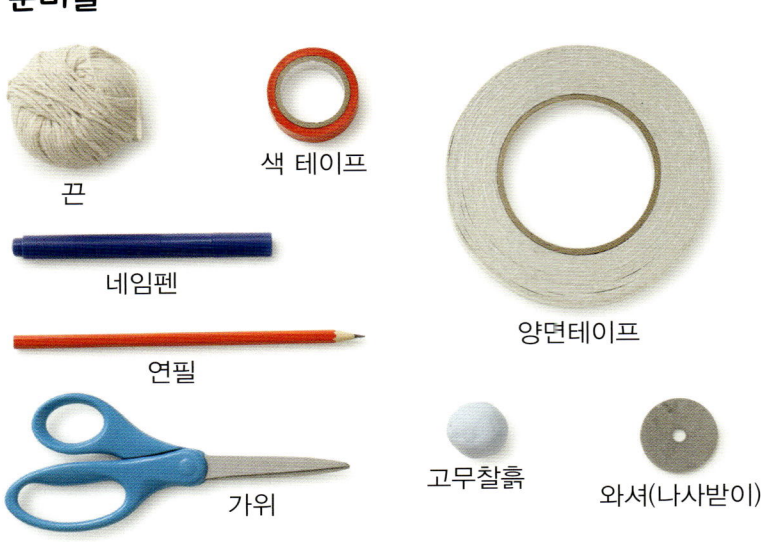

- 끈
- 색 테이프
- 네임펜
- 연필
- 양면테이프
- 가위
- 고무찰흙
- 와셔(나사받이)

A4 사이즈 색 도화지
A4 용지
A4 사이즈 색 도화지

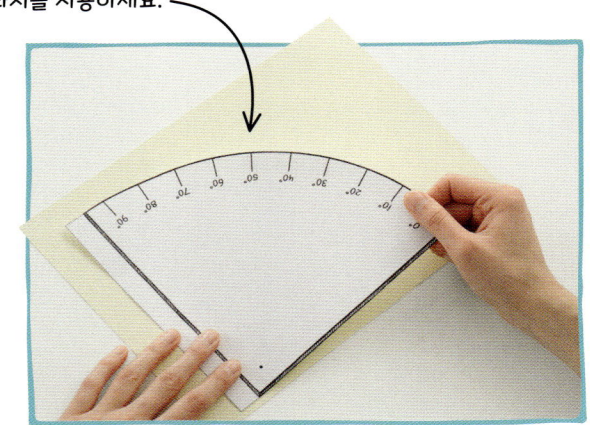

원하는 색상의 도화지를 사용하세요.

1 양면테이프를 견본 뒤에 붙인 후, 보호필름을 떼세요. 견본을 색 도화지 위에 붙입니다.

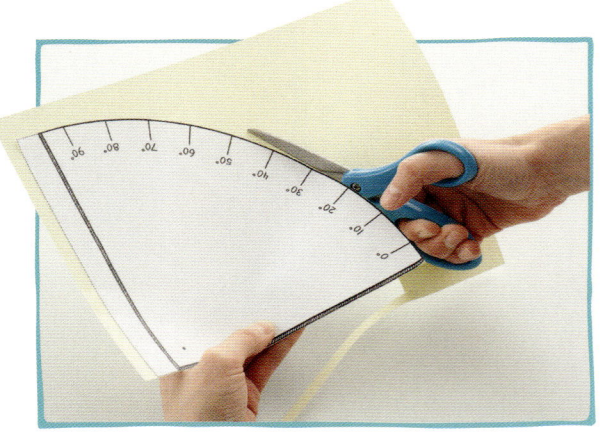

2 가위로 견본과 색 도화지를 사진처럼 자르세요. 자르고 남은 종이는 재활용하세요.

위도 측정 장치 147

3 눈금자 아래에 고무찰흙을 놓고 사진처럼 연필로 작은 구멍을 뚫으세요.

고무찰흙은 연필로 구멍을 뚫기 쉽게 해 줍니다.

4 끈을 20cm 정도 잘라 구멍에 넣고 매듭을 지으세요.

5 다른 색 도화지와 네임펜을 이용해 좁은 관을 만들 차례입니다. 종이 위에 네임펜을 올리고 한쪽 끝에서부터 탄탄하게 말아 올리세요. 이 관은 위도를 측정할 때 사용합니다.

위도에 따라 **특정 지역이 하루에 받는 햇빛의 양이** 달라져요.

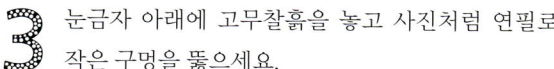

네임펜을 단단하게 감싸서 관이 풀리지 않게 하세요.

148 4. 지구 과학

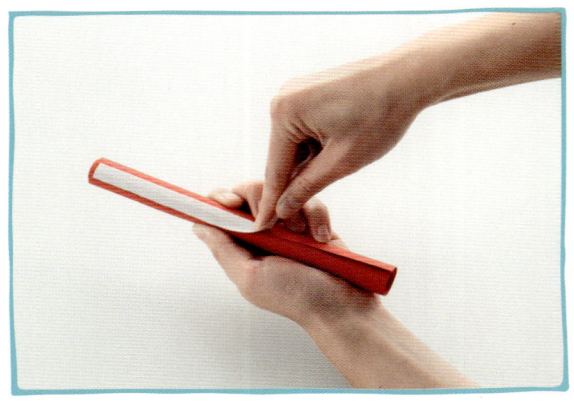

6 양면테이프를 이용해 관찰용 관을 단단하게 고정하세요. 관찰용 관을 통해 볼 수 있는지 확인하세요.

7 보호 필름을 벗기세요. 다음 과정에서 관찰용 관을 눈금자에 붙일 거예요.

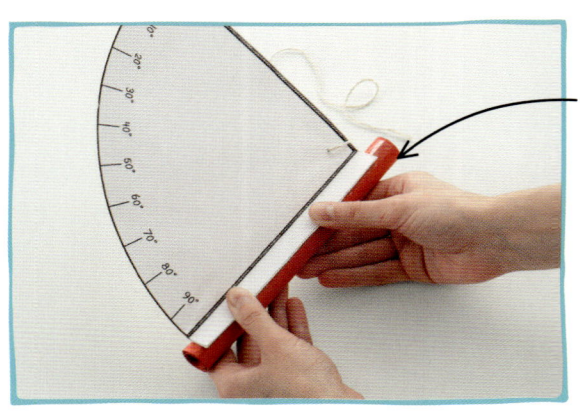

눈금자에 붙일 때 관이 찌그러지지 않도록 주의해야 해요.

8 눈금자 가장자리의 남는 부분을 접고, 관찰용 관을 붙이세요.

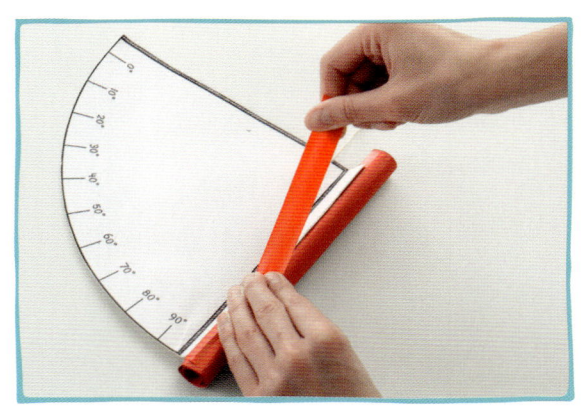

9 색 테이프를 관찰용 관에 붙여 눈금자와 관을 단단하게 연결하세요.

이곳에 눈을 대고 관찰해요.

10 사진처럼 와셔에 끈을 묶어 눈금자의 가장자리 아래로 놓으세요.

만일 와셔가 없다면 끈을 늘어뜨릴 다른 물건을 사용해도 됩니다.

위도 측정 장치 사용법

위도 측정 장치를 사용하려면 날씨가 맑은 날 밤, 거리의 불빛으로부터 많이 떨어진 넓은 곳으로 가야 합니다. 그러고 나서 하늘을 보고 위도를 측정할 지점을 찾습니다. 이 지점은 만일 여러분이 북반구에 산다면 천구의 북극이고, 남반구에 산다면 천구의 남극이 될 거예요. 이를 찾으려면 다음 과정을 천천히 따라하세요. 이때 북쪽과 남쪽을 찾을 수 있는 나침반이 있다면 도움이 됩니다. 관 사이로 해당 지점을 관찰하고 와셔가 잘 매달려 있는지 확인하세요. 이때 눈금자를 가로지르는 끈이 가리키는 각도가 여러분의 위도가 됩니다.

천구의 북극 찾기

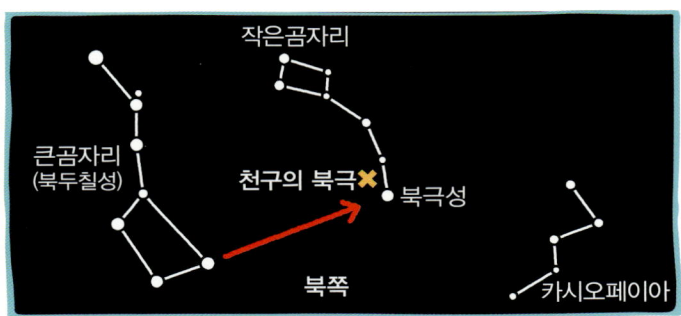

만약 여러분이 북반구에 산다면 먼저 북쪽을 찾으세요. 그리고 큰곰자리(북두칠성)로 알려진 밝게 빛나는 별을 찾으세요. 위 그림처럼 큰곰자리 맨 앞의 별에서 직선으로 쭉 이동하면 북극성을 찾을 수 있어요. 북극성은 천구의 북극과 아주 가깝지요.

천구의 남극 찾기

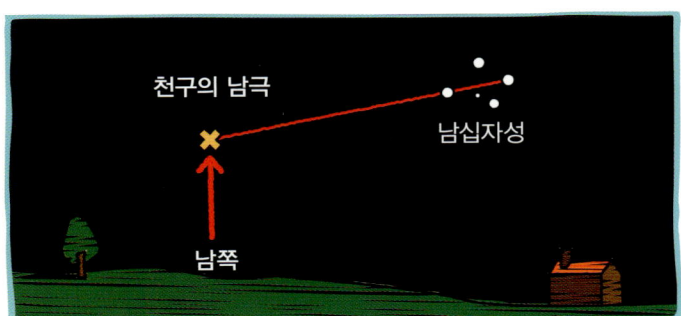

만일 여러분이 남반구에 산다면 천구의 남극 가까이서 밝은 별을 찾기는 조금 어려워요. 대신 남십자성이라는 별을 찾으면 된답니다. 위 그림처럼 남십자성에서 서로 가장 멀리 떨어진 두 별을 이으세요. 그 선을 쭉 연장하면 정남쪽에서 위로 쭉 올라오는 선과 교차하는 지점이 생깁니다. 바로 이 지점이 위도 측정 장치로 관찰해야 하는 지점이지요.

원리 파헤치기

중력(Gravity)은 지구 중심에서 물체를 끌어당기는 힘입니다. 위도 측정 장치의 와셔는 중력에 의해 잡아당겨지므로 아래 방향으로 향합니다. 만일 여러분이 적도에 산다면, 천구의 북극이나 천구의 남극을 보더라도 수평선처럼 보입니다. 이때 위도는 0도이지요. 만일 여러분이 남극이나 북극 중 어느 한 곳에 산다면, 천구의 극은 여러분의 머리 바로 위에 있게 되므로 위도는 90도가 되지요. 여러분의 집은 적도와 극 사이에 있을테니 위도 측정 기구로 위도를 측정해 보세요.

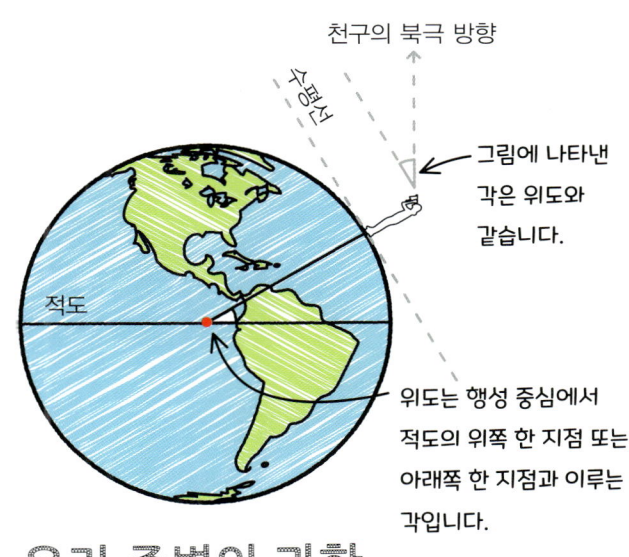

우리 주변의 과학
항해 중 길 찾기

인공위성을 이용하여 길을 찾기 전에 선원들은 육분의를 이용하여 위도를 찾곤 했습니다. 육분의란 두 물체 사이의 각도를 정밀하게 측정하는 똑똑한 기계지요. 오늘날에도 육분의는 선원들이 경도를 계산하는 데 도움을 줍니다. 육분의를 이용하면 현재 위치를 쉽게 알 수 있습니다.

종이 해시계

태양이 낮 동안 하늘을 가로질러 움직일 때, 그림자도 함께 움직입니다. 태양이 만드는 그림자를 이용하면 해시계로도 쉽게 시간을 알 수 있어요. 이번 실험에서는 빨대와 종이를 이용한 해시계를 만들 예정입니다. (우리나라는 일본과 같은 표준시를 사용하고 있어요. 그래서 일본 여행을 할 때 시계를 다시 맞추지 않아도 된답니다. 그러나 실제로는 일본이 우리보다 동쪽에 있기 때문에 해가 먼저 뜨고 집니다. 즉 태양의 위치를 기준으로 보면 일본이 우리나라보다 1시간 정도 빠르다고 할 수 있습니다. 예를 들면 일본에서 태양이 남중하는(정남쪽에 위치하는) 시각이 대략 오전 11시 30분 정도인데 우리나라는 대략 12시 30분 정도입니다. 이처럼 태양의 위치를 기준으로 보는 시간과 우리가 사용하는 시간은 차이가 있을 수 있습니다. 해시계를 볼 때도 이 점을 잊지 마세요. 우리가 사는 곳의 경도에 따라 해시계와 우리가 사용하는 시간 사이에 오차가 발생할 수 있습니다.)

태양이 서쪽으로 질 시간이에요.

이 해시계는 지금이 오후 4시 30분이라는 것을 알려줘요.

해시계 읽는 법

서머타임, 소위 일광 절약 시간이 적용되는 곳이라면 해시계가 나타내는 시간을 조정해야 할 필요가 있습니다. 여름철에는 해가 빨리 뜨고 지기 때문에 낮 시간을 효율적으로 사용하기 위해 서머타임 제도를 만들었지요. 부모님께 서머타임이 적용되는 지역인지, 또 언제 적용되는지 여쭤보세요. 서머타임을 적용하게 되면 해시계가 나타낸 시간에 한 시간을 더해야 합니다.

종이 해시계 만들기

부록에 있는 견본을 따라 그리거나 복사해서 준비하세요. 북반구에서 사용할 견본과 남반구에서 사용할 견본이 따로 있으니 정확한 견본을 사용해야 합니다. 만약 여러분이 어느 반구에 사는지 모른다면 부모님께 여쭤보세요. 또 우리는 위도를 알아야 합니다. 물론 부모님께 여쭤 보거나 인터넷으로 찾을 수 있지만 144~149쪽에서 만든 위도 측정 장치를 이용해 위도를 직접 측정할 수도 있어요!

시간: 15분   난이도: 보통

준비물

빨대, 연필, 고무찰흙, 가위, 색 테이프

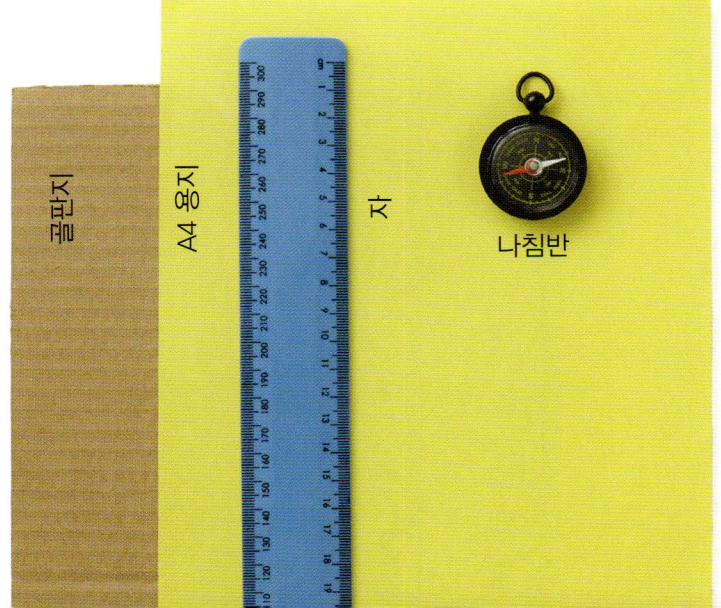

골판지, A4 용지, 자, 나침반

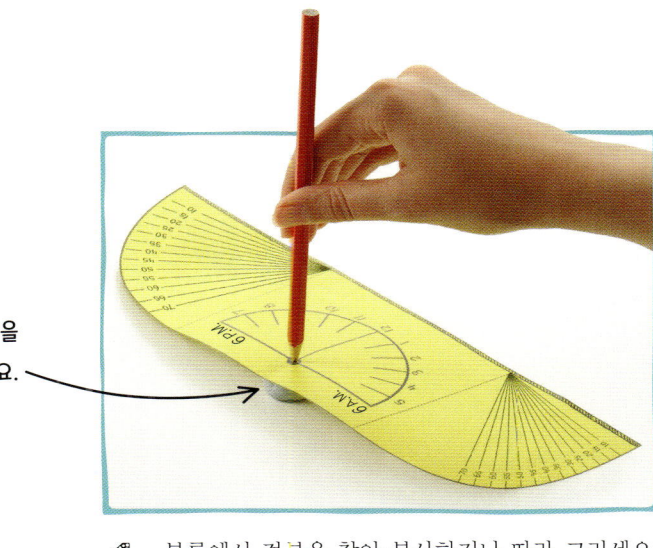

고무찰흙은 책상을 보호해 줘요.

1 부록에서 견본을 찾아 복사하거나 따라 그리세요. 가위로 오린 다음, 눈금자 아래에 고무찰흙을 놓으세요. 연필로 위 사진처럼 구멍을 내세요.

2 견본 옆에 있는 눈금자를 이용해 지금 있는 곳의 위도를 찾으세요. 위 사진처럼 위도에 맞춰 종이를 접었다 펴세요. 사진 속의 50도는 예시입니다.

3 견본을 뒤집어 방금 접었던 선을 다시 한 번 접으세요. 반대쪽 눈금자에도 과정 **2~3**을 반복하세요.

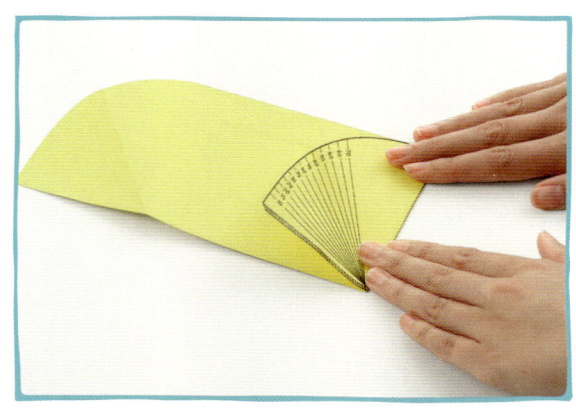

4 접었던 선을 펴고, 가운데 해시계 판 양쪽에 있는 점선을 접어 자국을 만드세요.

해시계의 양쪽 모서리는 90도입니다.

5 테이프를 이용해 위 사진처럼 해시계 양쪽을 골판지에 붙이세요. 작은 사진처럼 해시계 판은 수직이 되어야 합니다.

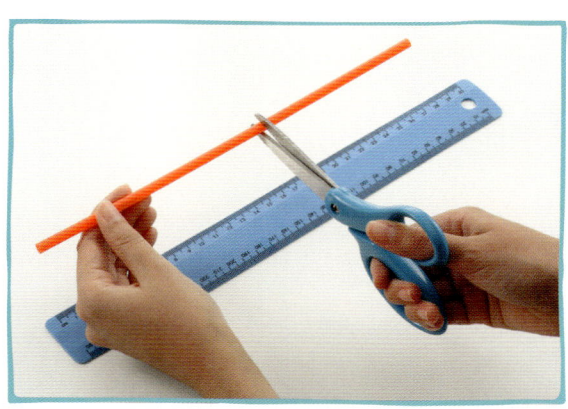

6 빨대를 약 15cm 정도로 자르세요. 이 빨대는 해시계의 바늘로(영침 또는 노몬) 그림자를 만들어서 시간을 알려 주는 역할을 합니다.

7 빨대를 조심스럽게 해시계 판에 있는 구멍에 넣으세요. 빨대의 각도는 해시계 판과 직각이여야 합니다.

종이와 빨대를 직각으로 고정하기 어려울 때에는 부모님께 도움을 요청하세요.

8 빨대를 위 사진처럼 테이프로 골판지에 고정하세요. 이때 각이 흐트러지지 않도록 주의해야 합니다.

만일 여러분이 북반구에 있다면 빨대는 아래 사진처럼 북쪽을 향합니다.

만약 여러분이 남반구에 있다면 이 숫자들은 반대로 뒤집어집니다.

빨대의 그림자는 대략의 시간을 알려줍니다.

9 해시계를 평평하고 햇빛이 잘 드는 곳에 두세요. 나침반을 이용해 해시계와 일직선으로 맞추세요. 이때 여러분이 북반구에 있다면 빨대를 북쪽으로 두고, 남반구에 있다면 남쪽에 두세요.

날씨가 좋지 않을 때에는 해시계가 망가지지 않도록 얼른 집으로 가지고 들어가세요.

원리 파헤치기

지구는 스스로 도는 자전(Rotation)을 합니다. 그 결과 태양이 하늘을 가로질러 움직이는 것처럼 보입니다. 태양은 동쪽에서 떠서 정오에 가장 높은 지점에 도달하고, 서쪽으로 지지요. 지구가 한 바퀴, 즉 360도를 도는 데는 24시간이 걸립니다. 그러므로 지구는 한 시간당 15도만큼 돌고, 태양에 의해 만들어진 그림자는 15도씩 움직이게 됩니다. 따라서 해시계 판의 선들은 15도의 간격을 두고 그려져 있고, 이 간격은 한 시간을 의미합니다.

우리 주변의 과학
그림자

여러분의 그림자는 태양이 가장 낮게 뜰 때, 즉 일출 바로 직후나 일몰 바로 직전에 가장 깁니다. 반면 해가 가장 높이 떠 있는 정오에는 가장 짧지요. 만약 여러분이 한여름날 정오에 적도에 서 있다면, 그림자를 전혀 볼 수 없을 거예요. 왜냐하면 태양이 여러분의 머리 바로 위에 있기 때문이랍니다.

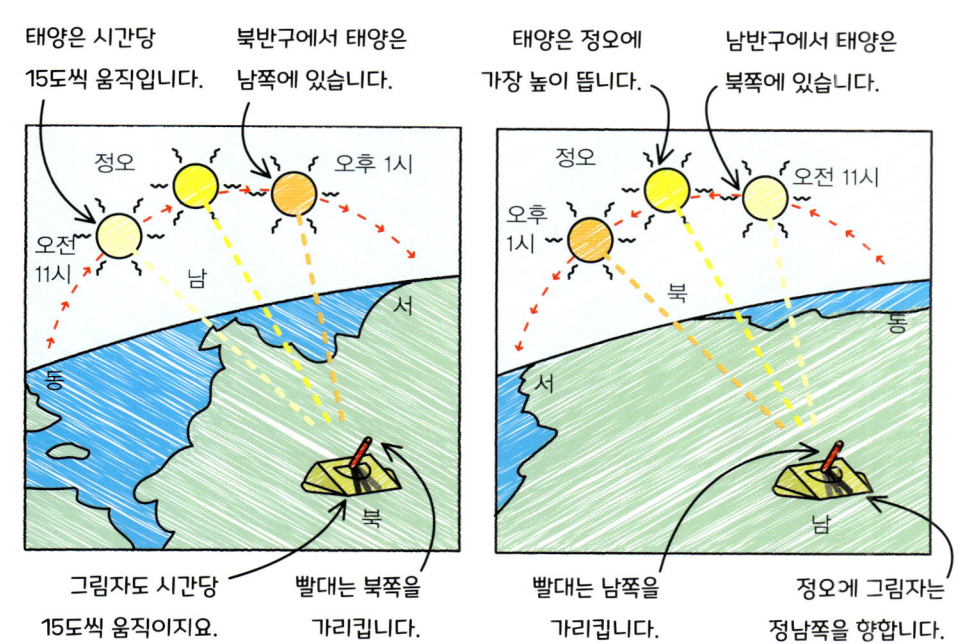

북반구

태양은 시간당 15도씩 움직입니다.
북반구에서 태양은 남쪽에 있습니다.
그림자도 시간당 15도씩 움직이지요.
빨대는 북쪽을 가리킵니다.

남반구

태양은 정오에 가장 높이 뜹니다.
남반구에서 태양은 북쪽에 있습니다.
빨대는 남쪽을 가리킵니다.
정오에 그림자는 정남쪽을 향합니다.

부록

여기에 있는 견본들은 풍속계와 헬리콥터, 물 로켓과 위도 측정 장치, 해시계를 만드는 데 필요한 것들입니다. 필요한 견본을 복사하거나 종이에 따라 그려 사용하세요. 특히 해시계의 경우 하나는 북반구용, 다른 하나는 남반구용이므로 견본을 잘 확인하고 필요한 것만 사용해야 합니다.

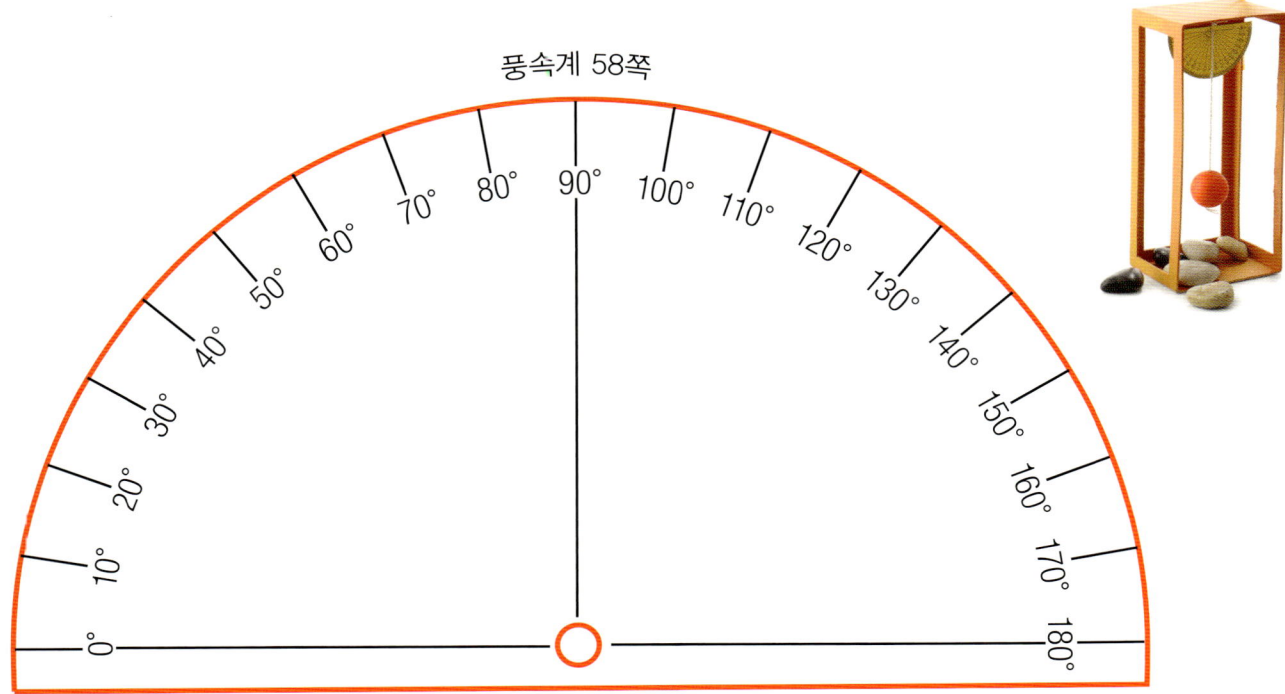

풍속계 58쪽

헬리콥터 106쪽

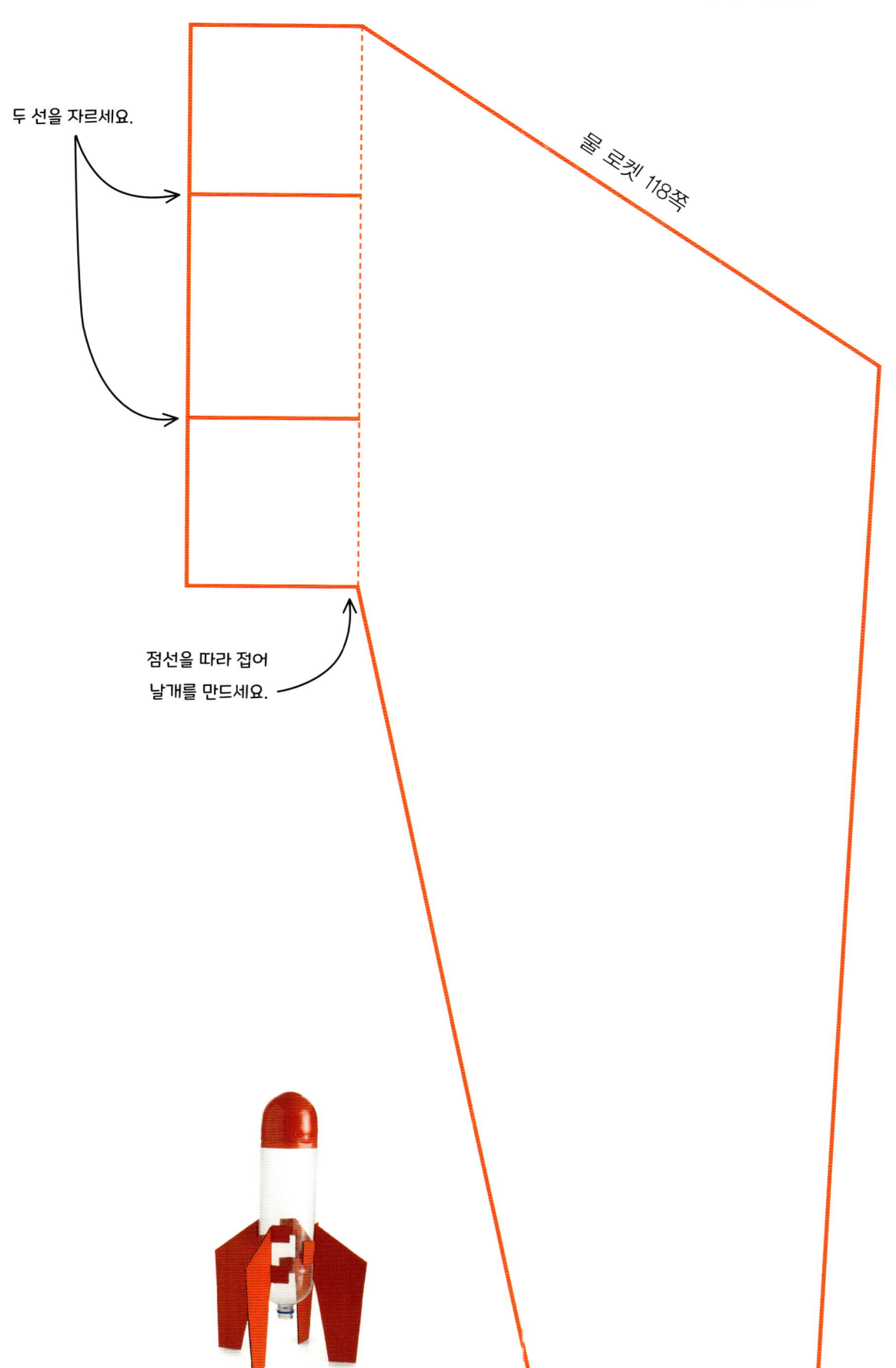

156

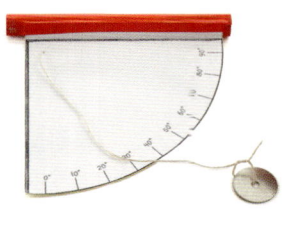

위도 측정 장치 144쪽

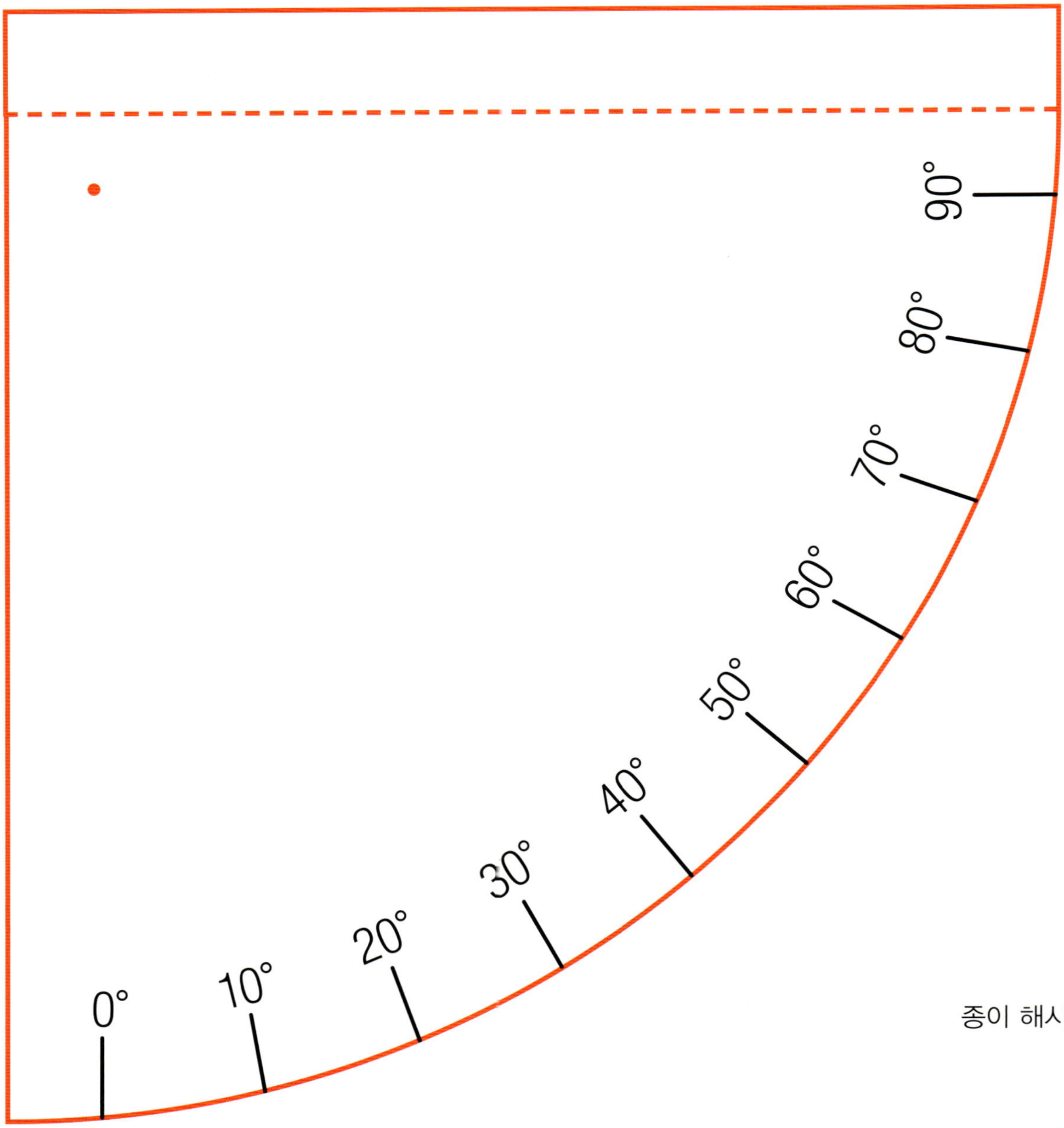

점선을 따라 접어 관찰용 막대에 붙일 부품을 만드세요.

90°
80°
70°
60°
50°
40°
30°
20°
10°
0°

종이 해시계 150쪽

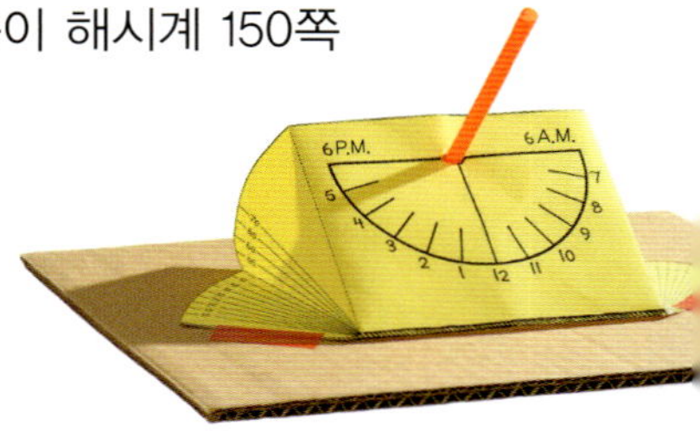

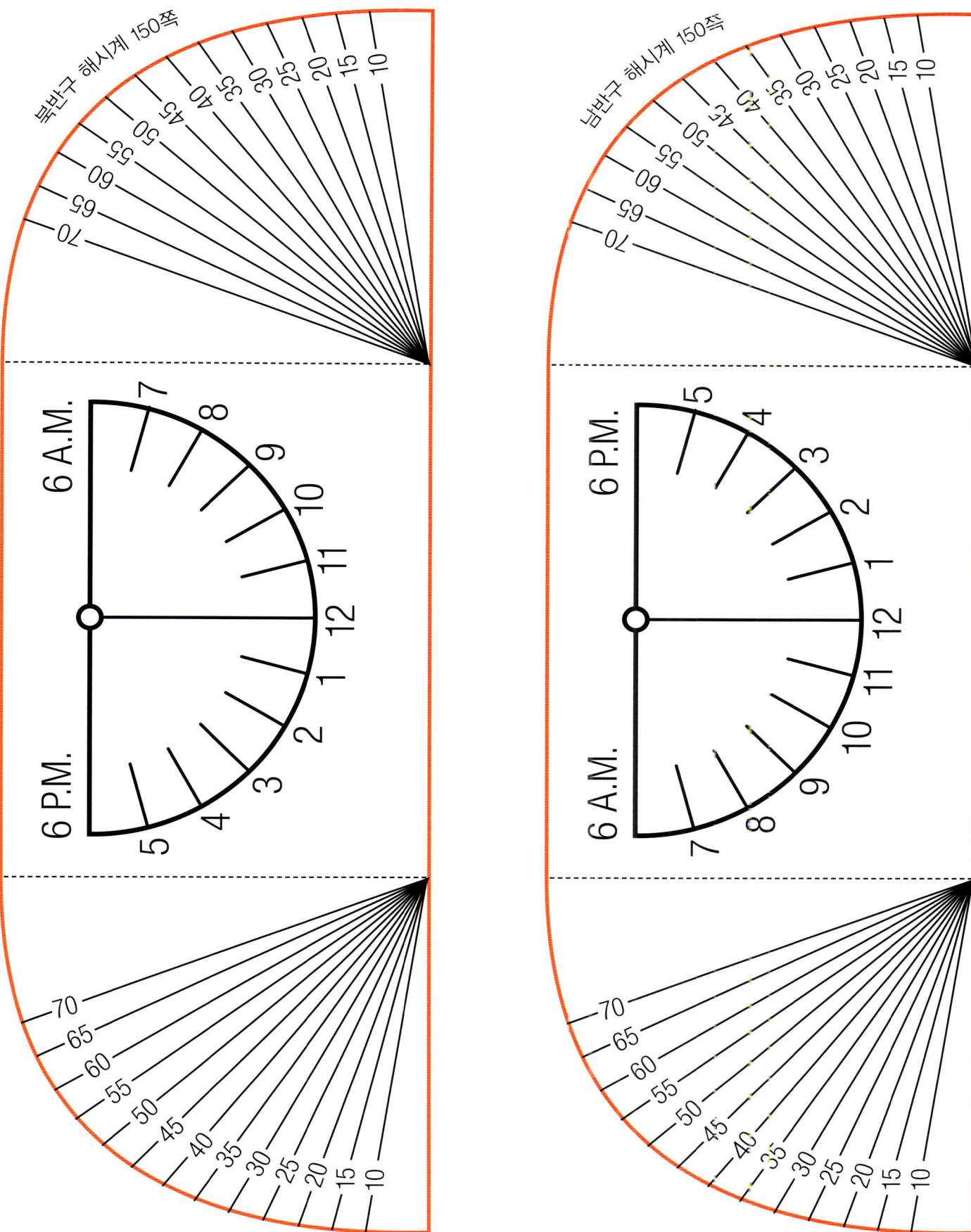

용어 사전

결정체
다이아몬드처럼 규칙적인 모양의 고체로, 평평한 면이 있고 가장자리가 각진 모양일 때도 있습니다. 이는 결정체를 이루는 원자가 반복되는 패턴으로 배열되어 있기 때문입니다.

구
공처럼 둥근 것으로 입체 도형입니다.

균류
식물도 아니고 동물도 아닌 생명체 중 하나. 죽은 나무나 썩은 물질을 먹고 삽니다. 버섯은 지표에서 자라는 균류 중 하나입니다.

균사체
균류의 가장 중요한 부분으로 잘 보이지 않는 가느다란 실로 이루어져 있습니다. 버섯은 땅속의 숨겨진 균사체에서 자랍니다.

기상학자
일기 예보관처럼 날씨를 연구하는 과학자.

기압
지구를 둘러싼 공기층, 즉 대기의 무게로 인해 생긴 공기의 압력.

기압계
대기의 압력을 측정하기 위해 기상학자들이 사용하는 장치.

등압선
기상도에서 대기압이 똑같은 지역을 선으로 이은 것.

무게
중력에 의해 물체를 아래쪽으로 당기는 힘. 질량이 높을수록 무게도 무거워집니다.

밀도
일정한 부피에 얼마나 많은 물질이 있는지 나타내는 값으로 질량/부피로 나타냅니다. 예를 들어 바위는 물보다 밀도가 높습니다.

박테리아
현미경으로만 볼 수 있는 아주 작은 생명체. 치즈를 만들 때 사용하는 박테리아처럼 인간에게 유익한 것도 있지만 음식을 상하게 하거나 병에 걸리게 만드는 해로운 박테리아도 있습니다.

반구
구의 절반. 특히 적도 위나 아래와 같이 지구의 절반을 기르는 말.

배양토
식물이 자라는 땅 위에 있는 죽은 잎이나 다른 식물들의 잔해를 말하며, 토양을 보호하는 역할을 합니다.

부피
어떤 물체가 차지하는 공간을 말하며 측정 단위는 밀리리터, 리터 등이 있습니다.

분자
물질을 이루는 작은 입자로 둘 또는 그 이상의 원자가 결합된 것으로 물 분자(H_2O)는 2개의 수소 원자와 1개의 산소 원자가 결합되어 있습니다. 하나의 물질을 이루는 분자는 모두 같습니다.

비누 막
비눗물의 얇은 층으로 비누 거품의 바깥쪽에 해당합니다.

서식지
생물들이 사는 곳.

세포
생명체를 구성하는 가장 작은 단위. 모든 생물은 세포로 이루어져 있는데, 박테리아는 단 하나의 세포로 이루어져 있는 반면, 나무는 수조 개의 세포로 이루어져 있습니다.

셀룰로오스
식물이 만드는 물질로 식물의 세포벽을 형성합니다. 또한 줄기를 통해 잎으로 물을 운반하는 작은 관들을 단단하게 만듭니다.

소수성
물을 싫어하는 성질. 물 분자를 밀어내는 비누 분자의 다른 한쪽 끝은 소수성입니다.

소용돌이
물이 배수구로 흘러 내려갈 때 생기는 소용돌이처럼 빙빙 도는 액체나 기체를 말합니다. 우리가 움직일 때 공기 사이를 통과하면 눈에 보이지 않는 소용돌이를 형성합니다.

솔벤트
용액을 만들기 쉽도록 물질을 녹이는 액체. 보통 솔벤트는 공기 중으로 빠르게 증발합니다.

수경 재배
흙 없이 물로 식물을 재배하는 것. 일반적으로 식물은 토양에서 필요한 영양분을 얻지만, 수경 재배로 키운 식물들은 물에서 자라는 데 필요한 영양분을 공급받습니다.

수증기
물이 증발할 때 만들어지는 눈에 보이지 않는 기체.

수축
원래 길이보다 짧아지는 것을 말합니다. 예를 들어 근육은 수축하면 우리 몸의 일부분을 잡아당기게 됩니다.

습도
대기 중에 얼마나 수증기가 많은지를 알려 주는 값입니다. 습도가 높으면 비가 오거나 안개가 낄 확률이 높습니다.

압력
공기 또는 물이 다른 물체의 일정한 면적을 누르는 힘. 기압(공기의 압력)은 산을 오를수록 내려가고, 수압(물의 압력)은 바다 깊은 곳으로 들어갈수록 올라갑니다.

용액
물질이 분자 또는 원자로 분해되거나 액체 분자와 섞인 것. 예를 들어 설탕을 물에 넣으면 설탕물, 용액이 됩니다.

원통
가로로 잘랐을 때 원모양을 나타내는 입체 도형. 예를 들어 골판지 관은 원통 모양입니다.

위도
우리가 적도를 기준으로 북쪽 또는 남쪽으로 얼마나 멀리 떨어져 있는가를 측정한 것. 적도의 위도는 0도이고 북극은 +90도, 남극은 -90도입니다.

위장
적이나 포식자에게 들키지 않도록 색 또는 무늬를 주변 환경과 비슷하게 맞추는 것. 많은 동물들이 포식자의 눈을 피하기 위해 털이나 피부를 위장합니다.

자구
철과 같이 자성을 띤 물질의 작은 부분. 자구에는 자체 자기장이 있고, 물질이 자성을 띠면 자구는 모두 한 방향을 가리킵니다.

자기장
자석 주위에 만들어지는 힘(자기력)이 미치는 영역을 말하며, 주변의 다른 자석이나 철로 된 물체는 힘을 받게 됩니다.

재활용
더 이상 필요하지 않는 물건에서 새로운 것을 만들어 내는 것. 플라스틱이나 금속은 녹여서 새로운 물건으로 만들 수 있습니다.

적도
북극과 남극 사이 중간에 해당하는 가상의 선.

점액
생명체가 물과 다른 물질을 이용해 만들어 내는 끈적거리는 물질. 우리 몸속의 점액은 음식물이 소화기관으로 부드럽게 내려가게 하고, 콧속에서 박테리아를 잡으며, 폐 속으로 침투하는 것을 막아 줍니다.

주둥이
나비나 다른 곤충들이 먹이를 섭취하는 데 사용하는 관. 주둥이는 코끼리와 같은 포유류의 입이나 코가 될 수도 있습니다.

중력
우리가 땅 위에서 살 수 있도록 해주는 힘. 중력은 물체를 아래로, 즉 지구 중심으로 잡아당기는데 물체가 작용하는 중력의 크기가 무게입니다.

지질학
바위나 토양, 산맥과 같이 지구의 단단한 부분들의 특성과 형성 과정을 연구하는 학문.

질량
물체가 가지는 고유한 양을 측정한 값.

친수성
물을 좋아하는 성질. 물 분자와 결합하는 비누 분자의 다른 한쪽 끝은 친수성입니다.

침식
마모되어 없어지는 것. 바위나 토양은 바람 또는 비에 의해 침식됩니다.

캘리브레이션(눈금 매기기)
기압계와 같은 측정 장치의 눈금자에 숫자를 적어 정확하게 수치를 측정할 수 있습니다.

콜로이드
두 화학 물질이 섞이긴 하지만 서로 용해되지 않을 때의 상태. 콜로이드는 보통 하나의 물질이 다른 물질 안에서 작은 방울이나 기포 상태로 퍼져 있습니다.

풍속계
바람의 속도를 측정하기 위해 기상학자들이 사용하는 장치. 단위는 보통 시간당 킬로미터(km/h)나 시간당 마일(m/h)로 씁니다.

혼합물
둘 또는 그 이상의 물질들이 물리적으로 섞여 있는 것.

회전날개
헬리콥터에서 빙빙 도는 부분으로 공기 중으로 떠오르게 만드는 힘(양력)을 만듭니다.

힘
밀거나 당기는 것. 힘은 물체의 속력과 방향을 바꾸기도 하며, 물체의 모양을 바꾸기도 합니다.

역자 후기

누군가에게는 이 책에 담긴 내용과 실험들이 아주 쉽게 느껴질 것입니다. 학교에서 이미 다 배워서 만들거나 실험해 보지 않아도 원리를 알고 있다고 생각하기 때문이지요. 하지만 직접 해 보지 않고서는 만들고 실패하는 과정 속에서 일어나는 수많은 깨달음들을 얻을 수 없답니다.

무언가를 만드는 것은 그 자체로도 흥미로운 일입니다. 가위와 테이프, 자와 접착제 등과 같은 도구들을 다루고, 실험 재료를 준비하고 키우며 다양한 경험을 하는 것은 단지 책을 읽는 것만으로는 얻을 수 없는 일이지요. 이런 일련의 과정들이 우리를 풍요롭게 해 주고 멋진 과학자의 길로 한 걸음 더 나갈 수 있게 도와줍니다.

여러분이 만든 로켓이나 헬리콥터, 나침반, 해시계를 작동시켜 보세요. 물론 만들다 막히고 실패할지도 모릅니다. 하지만 계속 도전하세요. 과학 원리를 적용해 기술을 구현하는 것은 생각보다 쉽지 않답니다. 문제가 발생해도 당황하지 마세요. 시작은 원래 어려운 법이랍니다. 자신감을 가지고 계속 도전하다 보면 언젠간 책에 나온 결과물보다 훨씬 더 나은 작품을 만들 수 있을 거예요.

책 속의 실험 재료는 구하기 쉽습니다. 실험 과정 또한 크게 어렵지 않지요. 실험 중간에 막히거나 어려운 부분은 부모님과 함께 해 보세요.

총 25개의 실험 중 가장 먼저 어떤 실험이 하고 싶은지 차례를 살펴보세요. 결정했다면 재료를 준비해 시작하세요. 일주일에 한 개씩만 해도 6개월 정도면 모든 실험을 할 수 있답니다.

친구 또는 가족과 함께 만드는 재미를 느낄 시간입니다. 다소 어렵더라도 놀이처럼 생각한다면 더욱 즐거운 시간이 될 거예요. 이 책을 통해 실패를 두려워하지 않는 용기있는 꼬마 과학자가 되기를 바랍니다.

역자 일동

acknowledgments

The publisher would like to thank the following people for their assistance in the preparation of this book:
NandKishor Acharya, Syed MD Farhan, Pankaj Sharma, and Smiljka Surla for design assistance; Sam Atkinson, Ben Ffrancon Davies, Sarah MacLeod, and Sophie Parkes for editorial assistance; Steve Crozier for picture retouching; Sean Ross for additional illustrations; Jemma Westing for making and testing experiments; Helen Peters for indexing; Victoria Pyke for proofreading; Caleb Gilbert, Hayden Gilbert, Molly Greenfield, Nadine King, Kit Lane, Helen Leech, Sophie Parkes, Rosie Peet, and Abi Wright for modelling.

The publisher would like to thank the following for their kind permission to reproduce their photographs:
(Key: a-above; b-below/bottom; c-centre; f-far; l-left; r-right; t-top)

15 Alamy Stock Photo: Prime Ministers Office (br). **19 naturepl.com:** Adrian Davies (br). **25 Alamy Stock Photo:** Jeff Gynane (tr). **31 Alamy Stock Photo:** Science History Images (bl). **35 Getty Images:** Mendi (bl). **39 Getty Images:** Bloomberg (crb). **43 Alamy Stock Photo:** Mira (bl). **49 123RF.com:** Adrian Hillman (b). **53 Alamy Stock Photo:** Joel Douillet (bl). **57 Alamy Stock Photo:** YAY Media AS (bc). **65 Depositphotos Inc:** flypix (bl). **71 123RF.com:** bjul (crb). **79 Alamy Stock Photo:** Nature Photographers Ltd (br). **85 Alamy Stock Photo:** RGB Ventures / SuperStock (t). **89 NASA:** (crb). **91 Anatoly Beloshchin:** (crb). **99 Dreamstime.com:** Maria Medvedeva (cr). **103 Alamy Stock Photo:** NOAA (bc). **109 123RF.com:** aleksanderdn (crb). **117 123RF.com:** epicstockmedia (bl). **125 Alamy Stock Photo:** Newscom (br). **131 Ardea:** Augusto Leandro Stanzani (br). **137 123RF.com:** Dmitry Maslov (bl). **143 Alamy Stock Photo:** Dafinchi (bl). **149 Alamy Stock Photo:** Dino Fracchia (crb). **153 Alamy Stock Photo:** Sergio Azenha (crb) **Cover:** Dorling Kindersley: David King; Dorling Kindersley: Edwood Byrne

All other images © Dorling Kindersley
For further information see: www.dkimages.com